Edda Reschke

Mit Kindern trauern

Geschichten, Rituale und Gebete

Mit Illustrationen von Eve Jacob

AF721269

Lahn-Verlag

Inhalt

Der Verlust eines Menschen erschüttert unser Selbst- und Welterleben. Die Intensität, mit der Trauer auftritt, verunsichert uns, nichts hat mehr Bestand. Für Gefühle dieser Stärke brauchen Kinder Ausdrucksmöglichkeiten.

Trauernde brauchen die Bestätigung, dass all ihre Gefühle berechtigt, normal und akzeptiert sind. Dies ist nur möglich, wenn Trauer gelebt wird. Erst dann kann man sich im Chaos dieser Gefühle zurechtfinden, verstehen lernen, Hoffnung finden, neue Wurzeln schlagen.

Dem steht entgegen, dass Tod in unserer modernen Welt zum Tabu geworden ist. In der Konfrontation mit dem Tod wissen wir nicht, wie wir uns verhalten sollen. Wie können wir Vergänglichkeit, Abschied und Tod im Kinderalltag integrieren, auch wenn das Thema Tod nicht gerade akut ist? Welche Vorstellungen und Werte können wir Kindern mit auf ihren Lebensweg geben, auf die sie in Krisenzeiten zurückgreifen können? Wie können wir Kinder unterstützen, dass ihre Trauer zu einem (Selbst-)Heilungsprozess wird?

In Verlustsituationen und Trauerprozessen ist die Kraft der Kreativität hilfreich. Dieses Buch bietet zahlreiche Vorschläge, wie Trauer durch künstlerisches Gestalten sowie durch Rituale verarbeitet werden kann.

Bedeutung der Symbole

- Geschichte/Text
- Aus der Bibel
- Kurzinfo
- Anregung/Gesprächsimpuls
- Traumreise
- Mitmachidee
- Kreatividee
- Lied
- Kochen und backen
- Gebet

Kunst und Kreativität

Künstlerisches Gestalten – Schmerz und Angst einen Ausdruck geben

Unser Leben bleibt nicht frei von Verletzungen, Schmerzen, Abschieden und Bedrohungen. Es ist wichtig, Möglichkeiten der Bewältigung zu bieten, bei denen das Kind selbst der Steuermann ist. Es darf selbst und freiwillig bestimmen, was es ausdrücken möchte, wie weit es gehen will und wo seine Grenzen sind. Es befindet sich durch kreatives und künstlerisches Tun in einer Art Schutzmantel, um den Schmerz zuzulassen, den es jetzt gerade verkraften und bearbeiten kann.

Oft ist es schwer, Empfindungen in Worte zu fassen, ohne sich anderen zu sehr auszuliefern und sich selbst festzulegen. Das Sprechen über den Tod ist wichtig, doch bei dem überwältigenden Gefühl der Trauer oft nicht genügend oder manchmal gar nicht möglich, denn es verschlägt uns eben die Sprache. Trauerbegleitung sollte deshalb einen Raum für die nonverbale Ebene schaffen. Eine Grunderfahrung im künstlerischen Ausdruck ist es, dem Schmerz begegnen zu können und sich nicht von ihm abspalten zu müssen.

Künstlerisches Gestalten, Modellieren, Kneten, Tanzen, Werken, Gedichte, Märchen oder Malen kommen dem Bedürfnis nach individuellen Ausdrucksmöglichkeiten entgegen. Trauer bekommt eine ganz persönliche, schöpferische Gestalt, Farbe, Form oder Struktur. Innere Bilder werden zu sichtbaren Bildern. Gerade wenn Trauer von der Umwelt des Kindes nicht zugelassen wird, übt künstlerisches Gestalten eine wichtige Funktion aus. Es kann zum Ventil verdrängter Trauer werden. In der Fantasie können und dürfen Gefühle leben. Künstlerische Gestaltung in diesem Sinne kann und darf niemals bewertet werden!

Schwer wie ein Stein

Das wird gebraucht:
dunkle, graue Kieselsteine, Abtönfarbe oder Acrylfarbe, Pinsel, Teelichter, Schnur

Jedes Kind nimmt einen Stein in die Hand. Wir halten und ertasten den Stein, spüren seine Schwere und Härte, wir sehen ihn an, nehmen seine graue, dunkle Farbe wahr. Wir denken an den verstorbenen Menschen. Welche Farben passen zu ihm, zu unseren Erinnerungen? Jeder bemalt einen Stein entsprechend, schreibt eventuell auch den Namen der verstorbenen Person darauf.

Aus den bemalten Steinen, Schnur und Teelichtern eine Spirale legen. Dazu trägt jeder ein Licht und seinen Stein zur Spirale. Wer möchte, kann noch etwas dazu sagen. Im Licht erstrahlen die Farben der Steine, die Erinnerungen. Wir denken an das, was wir mit diesem Menschen erleben durften.

ANREGUNGEN

✔ Überlege, was du mit dem Stein tun willst. Du kannst ihn z. B. in den Garten oder auf das Grab legen oder ihn loslassen, indem du ihn in einen Bach wirfst.

✔ Statt der Kieselsteine kannst du Specksteine verwenden und Muster oder Namen hineinarbeiten.

Die Entdeckung des leeren Grabes

Am Tag nach dem Sabbat kam Maria aus Magdala in aller Frühe zum Grab, als es noch dunkel war. Sie sah, dass der Stein vom Eingang des Grabes entfernt war. Da lief sie zu Simon Petrus und zu dem Jünger, den Jesus besonders lieb hatte, und berichtete ihnen: „Sie haben den Herrn aus dem Grab genommen und wir wissen nicht, wohin sie ihn gelegt haben!“ Petrus und der andere Jünger machten sich auf den Weg zum Grab. (…) Der andere Jünger lief schneller als Petrus und war als Erster am Grab. Er beugte sich vor und sah die Leinenbinden liegen, aber er ging nicht hinein. Als Simon Petrus nachkam, ging er sofort in die Grabkammer. Er sah die Leinenbinden und das Tuch, mit dem sie Jesus das Gesicht bedeckt hatten. (…) Nun ging auch der andere Jünger hinein (…). Er sah alles und kam zum Glauben. Denn sie hatten die Heiligen Schriften noch nicht verstanden, in denen doch steht, dass Jesus vom Tod auferstehen muss. Danach gingen die beiden Jünger nach Hause zurück.

Maria stand noch draußen vor dem Grab und weinte. Dabei beugte sie sich vor und schaute hinein. Da sah sie zwei weiß gekleidete Engel. (…) „Frau, warum weinst du?“, fragten die Engel. Maria antwortete: „Sie haben meinen Herrn fortgetragen und ich weiß nicht, wo sie ihn hingelegt haben!“ Als sie sich umdrehte, sah sie Jesus dastehen. Aber sie wusste nicht, dass es Jesus war. Er fragte sie: „Frau, warum weinst du? Wen suchst du?“ Sie dachte, er sei der Gärtner, und sagte zu ihm: „Herr, wenn du ihn fortgenommen hast, dann sag mir, wo du ihn hingelegt hast. Ich will hingehen und ihn holen.“ „Maria!“, sagte Jesus zu ihr. Sie wandte sich ihm zu und sagte:

OSTERN

Das Osterfest mit seiner frohen Botschaft von der Auferstehung Jesu ist das wichtigste Fest der Christen. Die Botschaft lautet: Gott ist stärker als der Tod. Auch wir dürfen nach dem Tod auf ein Leben bei Gott hoffen.

„Rabbuni!" Das ist Hebräisch und heißt: Mein Lehrer! Jesus sagte zu ihr: „Halte mich nicht fest! Ich bin noch nicht zum Vater zurückgekehrt. Aber geh zu meinen Brüdern und sag ihnen von mir: ‚Ich kehre zurück zu meinem Vater und eurem Vater, zu meinem Gott und eurem Gott.'" Maria aus Magdala ging zu den Jüngern und verkündete: „Ich habe den Herrn gesehen!" Und sie richtete ihnen aus, was er ihr aufgetragen hatte.

JOHANNES 20,1–18 (GUTE NACHRICHT BIBEL)

Wenn ein Stein ins Rollen kommt

Das wird gebraucht:
gereinigte Kieselsteine, Porzellan- oder Glasmalfarben

Die Kinder hören die Geschichte vom Ostermorgen. Sie hören, dass der Stein vor dem Grab weggerollt ist und wie schnell sich die frohe Botschaft verbreitet. Maria von Magdala war starr vor Trauer, doch nun bewegt sie sich auf andere zu. Dies lässt sich gut in Bewegung oder in ein Rollenspiel umsetzen: Wie laufe ich, wenn ich traurig bin? Wie laufe ich, wenn ich froh bin und anderen unbedingt etwas sagen will?

Wir wissen, wie im Gebirge ein kleiner Stein eine ganze Geröllawine auslösen kann. Das können die Kinder ausprobieren, indem sie auf dem Boden Steine mit viel Kraft auf andere rollen lassen: Ein Stein bewegt andere Steine. Im Freien können die Kinder aus Steinen eine Mauer bauen. Was geschieht, wenn ein Stein herausgezogen wird, sich bewegt oder zu rollen beginnt?

Gott

im Himmel,
unsere Trauer und
Enttäuschung sind
wie ein großer
schwerer Stein.
Er versperrt uns den
Blick in die Zukunft.
Gib uns Mut, wie die
Frauen am Oster-
morgen zu dem Stein
zu gehen, unserer
Trauer zu begegnen,
damit wir sehen,
dass der Weg nicht
zu Ende ist. Gib uns
Menschen, die in uns
wieder Hoffnung
wecken, dass wir
mit leichtem Schritt
einen neuen Weg
wagen können,
wie die Frauen,
die vom Grab
weggingen.

LISBETH REUSS

BLÄTTER AUS TON

Das wird gebraucht:
Ton, Messer, Nudelholz, evtl. Acrylfarben, Pinsel, gesammelte Blätter

So wird es gemacht:
Den Ton gut schlagen, kneten und ausrollen. Die Blätter fest in den Ton drücken. Mit einem Messer den Ton um den Blattrand herum ausschneiden. Die Blätter an der Luft trocknen und mit wasserfesten Farben bemalen oder brennen lassen.

Tipp: Die Blätter können auch beschriftet oder als Grabschmuck verwendet werden.

Herbstbilder

Der Herbst steht für das Vergängliche, ebenso vergeht das Bild aus Naturmaterialien. Bildlich entsprechen Herbst und Winter der Trauerzeit, dem Rückzug und (anscheinender) Passivität. Der Herbst ist die Zeit des Loslassens, doch auch die Hoffnung schlummert in Form von Samen und Knospen in ihm.

Das wird gebraucht:
Naturmaterialien, Behälter zum Sammeln (Körbe, Säcke), evtl. ein Fotoapparat

Die Kinder sammeln Blätter, Rindenstückchen, Eicheln, Kastanien, Ästen, Zapfen usw. Damit werden an einem geeigneten Ort im Freien Bilder gelegt. Dies kann als Einzel- oder Gemeinschaftsarbeit durchgeführt werden. Das Entscheidende ist, dass diese Bilder den Veränderungen durch die Natur überlassen werden. Die Kinder erleben, wie sich ihre Bilder durch Wind, Verwesung, Tiere verändern. Das Projekt kann durch eine Fotoreihe dokumentiert werden.

Abschiedsritual

Das wird gebraucht:
getöpferte Blätter, Kerze, Seidentücher, evtl. meditative Musik

Dieses Abschiedsritual kann eingesetzt werden, um den Herbst zu verabschieden. Die Kinder sitzen im Kreis. In der Mitte liegen Seidentücher, es brennt eine Kerze. Jedes Kind hat sein getöpfertes Herbstblatt in der Hand. Auf ein Zeichen hin geht ein Kind zur Mitte, legt sein Blatt ab und kann (freiwillig!) dabei etwas zum Abschied des Herbstes sagen, z. B.: „Auf Wiedersehen, ihr bunten schönen Blätter." Oder: „Alle Bäume sind kahl."

Im November (Allerheiligen, Ewigkeitssonntag) kann das Ritual in Gedenken an verstorbene Menschen oder Tiere gefeiert werden: „Ich denke an meinen Opi." Oder: „Ich muss so weinen, weil meine Oma gestorben ist."

Wer fängt mich auf?

Bei dieser Vertrauensübung bilden die Kinder einen sehr engen Kreis. Ein Kind geht zur Mitte und spricht: „Ich falle!" Dabei lässt es sich langsam nach hinten fallen. Es wird von den anderen Kindern aufgefangen. Die Übung erfolgt freiwillig.

Anschließend können die Kinder überlegen, was ihnen guttut, wenn sie hinfallen (weinen, getröstet werden, Pflaster aufkleben, schmusen, Verständnis). Sie schreiben oder malen dazu.

Ein weiteres Thema kann heißen: „Ich werde getragen." Dazu liegt ein Kind auf einer Decke. Viele Kinder heben die Decke hoch und schaukeln das Kind sanft darin.

Menschen sind wie Blätter

Das wird gebraucht: herbstliche Blätter

Die Kinder und der/die Erziehende sitzen im Kreis. Jedes Kind hält ein herbstliches Blatt in der Hand. Der/die Erziehende spricht langsam und leise.

Das Blatt in deinen Händen – wie fühlt es sich an? Wie sieht es aus?

Dieses Blatt war mal saftig und grün.
Nun ist es alt, braun und vertrocknet.

Im letzten Winter war das Blatt noch gar nicht da.
Im Frühling kam es dann aus einem kleinen Trieb hervor.
Im Sommer hatte das Blatt seine beste Zeit:
Wir konnten unter den Blättern des Baumes im Schatten sitzen.

Nun ist es Herbst. Das Blatt ist vom Baum gefallen.

Es ist tot.
Es wird zerfallen.
Von ihm bleibt nichts übrig, was man sehen kann.

Wir Menschen sind wie Blätter:
Wir werden geboren, wir leben
und irgendwann sterben wir.

Aber wenn wir tot sind,
dann erinnern sich unsere Familien und Freunde an uns.
Wenn wir tot sind, kommen wir in den Himmel.
Dann sind wir bei Gott. Daran glauben wir.

GEORG SCHWIKART

Ein Blatt welkt und fällt

Ein Blatt welkt und fällt.
Sag, wo fällst du hin?
Zur Erde, zur Erde,
da trägt mich der Wind.

Ein Blatt ist gefallen.
Sag, was wird aus dir?
Ich werde vergehn
und Erd' wird aus mir.

Du, Erde, sag uns doch,
was wird nun geschehn?
Aus mir wird es keimen
und Neues entstehn.

Aus mir wird es wachsen,
es ist das kein Traum,
mit Ästen und Zweigen und Blättern –
ein Baum.

FRANZ KETT

Danke,

guter Gott, für die schönen Herbstblätter. Bunt leuchten sie uns entgegen und wir freuen uns daran. Bald werden sie braun und trocken sein und schließlich wieder zu Erde werden. Danke, guter Gott, dass du daraus Neues wachsen lässt. Danke für das Leben, das du uns schenkst, das neu wird nach dem Tod. Amen.

HELGA STRIEBEL

BILDER DER NATUR

Das wird gebraucht: Malutensilien (siehe S.19), Malobjekt (z. B. Topfpflanze, Herbstlaub)

Das Malen kann in der freien Natur angeboten werden oder in Räumen. Im letzteren Fall bringt man ein Malobjekt mit, z. B. eine Sonnenblume. Es können auch Bildfolgen gemalt werden: der Samen, die blühende Blume, die verwelkte Blume, der Samen und die wachsende Blume … Bildfolgen eignen sich zum Erstellen von Bilderbüchern.

Hanna und die Sonnenblume

Hanna wohnt in einem Haus, zu dem ein Garten voller Sonnenblumen gehört. Sie liebt ihre gelben Sonnenblumen und mit einer hat sie sogar richtig Freundschaft geschlossen. Jeden Abend besucht sie ihre Blume.

Eines Tages, als Hanna zu ihrer Sonnenblume kommt, wird sie ganz traurig, denn die schönen gelben Blütenblätter liegen auf dem Boden. Hanna hat Tränen in den Augen. Da hört sie eine Stimme. Sie weiß nicht genau, wo diese Stimme herkommt. Ist es wohl die Sonnenblume, die sie fragt: „Warum bist du traurig, Hanna?“

„Was ist nur mit meiner wunderschönen Sonnenblume passiert?“, weint Hanna.

„Weine dich erst einmal aus“, sagt die Stimme. „Dann werde ich dir erzählen, was geschehen ist und was noch geschehen wird.“

Langsam wird Hanna ruhiger. Die zarte Stimme sagt: „Der Herbst kommt. Deine Blume wird nun sterben. Sie kehrt zurück in die Mutter Erde, aus der sie gekommen ist.“ Hanna schüttelt heftig den Kopf: „Das will ich nicht!“

„Es ist aber gut so, Hanna. Alles stirbt im Herbst, alles geht zurück. Die Bäume verlieren ihre Blätter, Gärten und Felder werden leer. Die Erde hält Winterschlaf. Schau einmal in die Mitte deiner Sonnenblume. Was siehst du da?“

Hanna berührt ihre Blume. Da sind viele Sonnenblumenkerne. „Was geschieht wohl mit den Samen, die in die Erde fallen?“, fragt die Stimme.

Hanna überlegt. Ihre Augen beginnen zu leuchten, „Es wachsen Sonnenblumen daraus!“

Und dann erzählt ihr die Stimme von der Mutter Erde, die wie eine kostbare Schatztruhe die Samen in der Zeit des Winters bewahrt. Sie erzählt, dass in jedem Samen unsichtbar schon die fertige Pflanze ist.

Hanna streichelt ihre Blume zum Abschied. Sie hat ein seltsames Gefühl in sich. Sie ist froh und traurig zugleich. Dann geht sie in ihr Zimmer und bastelt eine kleine Schatztruhe – so wertvoll wie die Mutter Erde. Darin wird sie einige Sonnenblumensamen aufbewahren, die sie im nächsten Jahr pflanzen will. Einige Sonnenblumenkerne hebt sie auf, um ein Brot zu backen, und die anderen lässt sie im Garten für die Vögel.

Abends erzählt Hanna alles ihrem Papa. Die Schatztruhe gefällt ihm gut. „Und weißt du, Hanna“, fragt er, „dass die Vögel die Samen deiner Blume an ganz andere Orte bringen können? Dort wachsen dann Blumen von deiner Blume. In jeder neuen Blume ist ein Stück deiner Freundschaft und Liebe von dir und deiner Sonnenblume. Und die Liebe kann an vielen Orten neu wachsen.“

Gott,

wir danken dir. Deine Liebe ist wie ein Samen, aus dem viele Samen entstehen. Der Samen teilt sich auf wunderbare Weise. Deine Liebe teilt sich auf wunderbare Weise. Durch das Teilen wird deine Liebe mehr, nicht weniger. Danke für deine Liebe! Amen.

Sonnenblumen pflanzen

Das wird gebraucht:
Blumenerde, Sonnenblumensamen, kleine Schaufel, Tontöpfe, evtl. Abdeckfolie, Gießkanne mit Wasser

Im Frühjahr die Samen in Töpfe oder in den Garten säen. Die Kinder beobachten und begleiten das Wachstum der Pflanze. Die Blumen brauchen Sonne, Luft und Wasser. Die Kinder versorgen die Pflanzen und erfahren, dass sich das Leben Zeit nimmt: Es dauert lange, bis die Blumen blühen.

Tipps:

- ✔ Werden die Blumen in Töpfe gesät, können die Töpfe vorher mit Acrylfarben bemalt oder beschriftet werden.
- ✔ Die Sonnenblumen als Grabschmuck verwenden.
- ✔ Das Leben einer Sonnenblume fotografisch festhalten.
- ✔ Aus den Sonnenblumenkernen ein Brot oder Gebäck backen.

WUNDERBARE VERMEHRUNG

Beobachten Sie mit den Kindern die Sonnenblumen auch noch, wenn die Blüte zu Ende geht. Im August/September welken die gelben Blüten. Der Tod kündigt sich an. Stängel und Blätter werden braun, doch erst jetzt reifen die Samen – für die Kinder gut zu beobachten. Tag für Tag geschehen Veränderungen, Verwandlungen. Die Sonnenblume stirbt, ihre Samen fallen zur Erde, wo sie bis zum nächsten Frühling schlafen.

Die Sonnenblumensamen sind winterhart – machen Sie die Kinder darauf aufmerksam.

Ein Samen wächst

Die Kinder sitzen im Kreis. In der Mitte brennt eine Kerze, es erklingt meditative Musik. Neben jedem Kind oder unter seinem Stuhl liegen seine Malsachen. Jedes Kind formt mit seiner Hand eine Schale und schließt nach Möglichkeit die Augen (immer freiwillig!). Die Leiterin/der Leiter spricht:

Schließe deine Augen und fühle, wie du atmest.
Beim Einatmen wird dein Bauch dick und
beim Ausatmen flach.
Ich lege dir etwas in die Hände, das du ertasten und fühlen kannst.

Ein paar Weizenkörner in die Hände der Kinder legen.

Untersuche genau, was in deinen Händen ist. Vielleicht kannst du dir ein Bild dazu vorstellen. Wenn du genug gefühlt hast, kannst du langsam die Augen öffnen und ein Bild malen.

Lass

mich Leben finden,
wo Tod ist.
Lass mich Heilung
finden, wo
Schmerz ist.
Lass mich Licht fin-
den, wo Dunkelheit ist.
Lass mich
Hoffnung finden, wo
Verzweiflung ist.
Lass mich Frieden
finden, wo Krieg ist.
Lass mich finden
und die Welt
verwandeln.

NACH EINEM GEBET AUS FRANKREICH

Eine Sonnenblume wächst

Leise Musik erklingt. Jedes Kind nimmt sich eine Tuch und kuschelt sich hinein. Die Leiterin/der Leiter spricht:

Stellt euch vor, ihr seid ein kleiner Samen tief in der Erde.
Das Tuch ist eure Samenhülle.
Sie schützt euch, in ihr seid ihr geborgen.
Sie ist wie ein Haus für den Samen.
Alles darin ist vertraut. Tief und fest schläft der Samen.
Da kitzelt ihn etwas Warmes. Sind das Sonnenstrahlen?
Kommt der Frühling zurück?
Der Samen fühlt den Schnee und den Frühlingsregen.
Er beginnt sich zu recken und zu strecken.
Seine Hülle wird zu klein. Der Samen wird größer und schaut aus der Hülle – so wie ihr euch jetzt aus dem Tuch streckt.
Schaut euch um: Plötzlich ist alles anders!
Der kleine Samen staunt. Er sucht sich einen Weg, stellt sich langsam auf und lässt Wurzeln in die Erde wachsen.
Stellt euch vor, eure Füße sind Wurzeln, sie halten euch fest.
Der kleine Spross sucht sich nun langsam
seinen Weg aus der Erde zum Licht der Sonne.
Eure Arme sind die Blätter, euer Gesicht ist die Blüte.
Die Blüte lacht der Sonne entgegen,
die Blume wiegt sich im Wind.

Langsam verwandeln wir uns wieder in Kinder.
Wir nehmen Malstifte und Papier und malen, was wir erlebt haben
und was uns besonders gut gefallen hat.

Sonnenblumenbrot

Das wird gebraucht:

- ✔ 500 g Weizenmehl
- ✔ 300 ml lauwarmes Wasser
- ✔ 1 Würfel Hefe
- ✔ 2 TL Salz
- ✔ 200 g Sonnenblumenkerne

So wird es gemacht:

Alle Zutaten mit der Küchenmaschine zu einem Teig kneten. Den Teig ca. eine halbe Stunde gehen lassen. Eine Kastenform einfetten. Den Teig in die Form geben und im vorgeheizten Backofen bei 220 Grad ca. eine Stunde backen. Nach der Hälfte der Zeit mit Alufolie abdecken, damit das Brot nicht zu dunkel wird.

GERÖSTETE SONNENBLUMENKERNE

Geschälte Sonnenblumenkerne werden in einer beschichteten Pfanne angeröstet und mit Salz oder Zucker abgeschmeckt.

Gott schenkt Nahrung

Weiter sagte Gott zu den Menschen: „Als Nahrung gebe ich euch die Samen der Pflanzen und die Früchte, die an den Bäumen wachsen, überall auf der ganzen Erde."

1. MOSE/GENESIS 1,29

Gott hat uns sehr lieb. Er hat uns diese Erde und alles, was wir brauchen, anvertraut.
Was brauchen Menschen und Tiere zum Leben?
Gott sagt uns, die Erde ist für alle da: für alle Menschen und alle Tiere. Das heißt, wir sollen teilen.

Das Weizenkorn

Jesus erzählt vom Weizenkorn, das in die Erde fällt und sterben muss, um Frucht zu bringen. So nimmt er seine Leidensgeschichte vorweg. (Vgl. Johannes 12,24–25)

HOFFNUNGS-SAMEN

Das wird gebraucht:

- ✔ flache Tonschalen oder Tontöpfe,
- ✔ Erde,
- ✔ Weizensamen,
- ✔ Abdeckfolie,
- ✔ kleine Schaufel

Die Blumentöpfe mit Erde füllen und den Weizen einsäen. Darauf achten, dass die Erde immer feucht ist. Schon nach einigen Tagen grünt und wächst der Weizen. Ein Symbol für unsere eigenen Wachstums-möglichkeiten entsteht.

Ausdrucksmalen und themenbezogenes Malen

Beim Ausdrucksmalen wird dem Kind Raum und Möglichkeit geboten, ganz spontan und frei zu malen. Es werden keine Themen vorgegeben. Das kann z.B. Malen auf einer großen Tapetenrolle sein, die am Boden mit Kreppband fixiert wird. Einige Kunstpädagogen gestalten die Räume so, dass keinerlei Umweltreize von außen in den Malraum dringen können. Nichts soll den (inneren) Malprozess von außen stören. Es gibt nur das Kind und die Malerei in diesem Moment. Für das freie Malen benötigt das Kind ein Angebot an Farben und Materialien sowie einen Arbeitsplatz. Es muss sich um nichts kümmern, alle Materialien sind zur Genüge bereitgestellt. Der Malgrund sollte nach Bedarf vergrößert werden können, durch Anfügen neuer Malblätter oder Benutzen von Papierrollen.

Beim themenbezogenen Malen werden durch Anregungen (Betrachtungen, Erzählungen, Musik usw.) Themen entwickelt oder gestellt. Diese Themen bedürfen einer Offenheit, die eine breite Palette von Gefühlen und Farben zulässt. Zur Auswahl stehen Themen, die einen Raum bieten, um Trauer, Abschied und Neubeginn auszudrücken. Dabei muss das Thema Trauer oder Tod nicht speziell benannt werden. Es muss gewährleistet sein, dass das Kind selbst bestimmt, was es ausdrücken möchte.

MALEN MIT MEHLFARBE

Das wird gebraucht:
alte Schraubgläser (pro Farbe ein Glas), Mehl, Abtönfarbe, Esslöffel, Kochlöffel, Borstenpinsel, Malgrund (z. B. Raufasertapete)

So wird es gemacht:
Farbe in ein Glas füllen, mit dem Löffel Mehl dazugeben und gut umrühren. Die Mehlmenge richtet sich nach der gewünschten Dicke der Farbe. Wird die Farbe dick aufgetragen, können Muster hineingeritzt werden.

MALEN MIT SCHABLONEN

Das wird gebraucht:
dickes Papier, Leinwand oder Malplatte, Gouachefarben, Borstenpinsel (verschiedene Stärken), Schwämme, evtl. Fön zum Trocknen. Für die Schablonen: Cutter oder Schere, Karton und Schneideunterlage

So wird es gemacht:
Mit Schwamm oder Pinsel den Bildhintergrund gestalten und trocknen lassen. Die fertige Schablone auf den Malgrund legen. Die Farbe mit einem Schwamm auftragen und trocknen lassen. Die Schablone abnehmen und das Motiv nach eigener Fantasie gestalten.

Spachtelbilder

Das wird gebraucht:
Gipspulver, eine Schüssel, Kochlöffel, Spachtel (oder Messer), Wasserfarben, Pinsel, Wasserglas, Utensilien zum Ritzen, Klarlack, Holzbrettchen als Malgrund

So wird es gemacht:
Den Gipsbrei anrühren und mit Messer oder Spachtel auf den Malgrund streichen. Mindestens einen Tag lang trocknen lassen. Mit Wasserfarben ein Bild auf die Gipsfläche malen. (Das Motiv evtl. zuerst mit dünnen Strichen vormalen.) Linien und Muster einritzen bzw. auskratzen, sodass die Linien weiß erscheinen. Das Bild mit Klarlack überziehen.

Drucken und stempeln

Auf Moosgummi die gewünschten Druckformen mit Kugelschreiber malen und ausschneiden, dann auf einen Korken oder kleinen Bauklotz kleben. Die Druckflächen mit Farbe bepinseln und auf den Malgrund stempeln.
Drucken kann man auf alles, was man im Alltag findet: grobe Papiere, Stoffe, Sackleinen, Wellpappe, Naturmaterialien (Blätter). Stempel lassen sich auch aus Kartoffeln herstellen. Die gedruckten Formen können mit anderen Maltechniken kombiniert werden. Drucken können wir auch mit unseren Händen und Füßen.

Lieber Gott,

deine Welt
ist voller Farben:
Ich mag das Blau
des Himmels,
das Gelb der Sonne,
das Rot der Blumen
und das Grün
des Grases.
Danke, dass du
die Welt so schön
bunt machst.
Amen.

Collage

Eine Collage ist ein Bild mit verschiedenen aufgeklebten Elementen. Fast alle Materialien eignen sich: Naturmaterialien, Wolle, Papiere, Ausschnitte von Zeitungen und Zeitschriften, Schnüre, Knöpfe, Hülsenfrüchte, Stoffe usw.

Schmetterlingstanz

Die Kinder werden im Gesicht als Schmetterling geschminkt. Zu Beginn liegen die Kinder am Boden und bewegen sich zu einer langsamen, eher schweren Musik als Raupe. Die Raupe beginnt sich zu recken und zu strecken, ihre Haut wird zu eng, sie fühlt sich zum Platzen, stößt ihre Hülle ab und wird zu einem Schmetterling.

Die Leiterin/der Leiter spricht:
Als Schmetterling kannst du durch den ganzen Raum flattern und tanzen.

Leichte, beschwingte Musik erklingt, bis die Schmetterlinge müde werden und schlafen gehen. Die Schmetterlinge treffen sich im Kreis. Es folgt ein abschließendes Gespräch: Wie habt ihr euch als Raupe bewegt, wie als Schmetterling?

MASKENZAUBER UND SCHMINKEN

Das wird gebraucht:
Theaterschminke, Pinsel, Schwämmchen, Kosmetiktücher, Spiegel, Lappen, Wasser, Gläser für Wasser

So wird es gemacht:
Zu beachten ist eine gute Hautverträglichkeit der Farben. Die Teilnehmer können sich selbst schminken oder schminken lassen, sie bestimmen in jedem Fall das Motiv. Die Teilnahme ist grundsätzlich freiwillig. Schminkt ein Erwachsener die Kinder, so entsteht zwischen beiden eine besondere Atmosphäre der Vertrautheit und Entspannung, dabei geht es auch um Zuwendung.

Schmetterlings-Traumreise

Die Kinder legen sich entspannt auf eine Matte. Die Leiterin/der Leiter spricht:

Wer möchte, schließt die Augen.
Fühle deinen Atem kommen und gehen.
Ruh dich aus und beginne zu träumen.
Stell dir vor, du bist eine Raupe.
Du sitzt auf einem Blatt.
Du kannst von Blatt zu Blatt kriechen.
Die Sonne wärmt dich.

Plötzlich fühlst du dich eingeengt.
Du willst heraus aus deiner Raupenhülle.
Du bewegst dich mehr und mehr,
bis die Hülle abgestoßen ist.
Du wirst als wunderschöner Schmetterling geboren.
Siehst du deine Farben?
Du kannst jetzt auch fliegen, bist frei wie der Wind.

Wohin möchtest du fliegen?
Was wünscht du dir?
Was möchtest du träumen?

Die Kinder bekommen Zeit, ihre Träume zu finden. Die Dauer dieser Ruhephase kann individuell sehr verschieden sein. Danach holt die Leiterin/der Leiter die Kinder behutsam in die Gegenwart zurück, indem sie/er auf die Atmung und die Wahrnehmung des eigenen Körpers hinweist.

ANREGUNG

An die Traumreise kann sich ein Gespräch anschließen und/oder die Kinder werden eingeladen, ihre Träume auf ein Papier zu malen. Dabei kann das Papier eventuell Schmetterlingsform haben.

Garten am Bach – Umrissbild

MALEN WIE BERÜHMTE KÜNSTLER

Das wird gebraucht:
Kunstdruck von Paul Klee „Garten am Bach“, Tonpapier, Farben, Pinsel, Wassergläser

So wird es gemacht:
Paul Klee hat viele Bilder mit Flächen gemalt, zum Beispiel „Garten am Bach“ (1927). Ein Garten lebt durch Vergänglichkeit und neues Wachstum. Dies sind Erfahrungen, die auch zum Trauerprozess gehören. Nach einer Bildbetrachtung malen die Kinder ihren eigenen flächenhaften Garten.

Umrissbilder sind Vorlagen von Kunstdrucken, auf denen nur die Umrisse der Darstellungen abgebildet sind. Das Umrissbild von Klees „Garten am Bach“ lädt regelrecht dazu ein, etwas Eigenes und Neues daraus zu schaffen, etwas in den leeren Flächen „wachsen“ zu lassen. Hier kann es interessant sein, dass die Kinder zunächst nur das Umrissbild erhalten, ohne zuvor das Original betrachtet zu haben.

Das wird gebraucht:
Selbst nachgezeichnetes Umrissbild, verschiedene (Farb-)Materialien sowie Materialien für eine Collage

So wird es gemacht:
Auf jedem Platz liegt verdeckt ein Umrissbild. Die Kinder drehen das Blatt um und bekommen die Aufgabenstellung mitgeteilt, die einzelnen Felder mit Farben oder anderen Materialien zu gestalten, auch Wörter können in einzelne Felder geschrieben werden. Zum Abschluss finden die Kinder einen Namen für ihr Bild.
In einem weiteren Schritt werden die Bilder zum Betrachten an eine Wand gehängt oder auf dem Boden ausgelegt. Während die Kinder ihre Bilder betrachten, wird der Kunstdruck von Paul Klee dazugelegt und die Kinder erfahren etwas über den Maler und sein Bild.

Garten am Bach – Neubearbeitung

Das wird gebraucht:

verschiedene Farben, Malgrund mit oder ohne Umrisse, Kunstdruck „Garten am Bach“ (zu bekommen z. B. beim Zentrum Paul Klee, Bern, www.zpk.org)

So wird es gemacht:

Betrachtung des Bildes und Gestaltungsaufgabe: „Stell dir vor, wie dieser Ort zu einer anderen Jahreszeit aussieht. Wie sieht er im Frühling aus, wie im Sommer, wie im Herbst, wie im Winter?“ Die Umgestaltung des Bildes erfolgt durch jahreszeitliche Veränderungen der Farben. Die Kinder wählen für sich eine Jahreszeit aus. Als Malgrund erhält jedes Kind ein Umrissbild oder gestaltet die Umrisse selbst. Durch die veränderte Jahreszeit entsteht ein anderer künstlerischer Ausdruck. Jahreszeiten sind auch Symbole für unsere Stimmungen.

ANREGUNGEN

✔ Zu den veränderten Bildern können Gedichte geschrieben werden. Eine Ausstellung oder ein Gedichtband mit Bildern kann entstehen.

✔ Für jahreszeitliche Veränderungen eignet sich auch das Bild „Gelbes Haus mit Apfelbaum“ von Gabriele Münter (1910).

Elfchen schreiben

Beim Schreiben zu Bildern geht es um die Annäherung an das Bild. Der Schreibprozess ist ein Gestaltungsprozess.

Das wird gebraucht:
Den Kunstdruck „Garten am Bach" auf festem Karton aufkleben oder direkt daraufkopieren und daraus ein Puzzle schneiden. Darüber hinaus werden benötigt: eine zusätzliche Kopie von „Garten am Bach", Briefumschläge, Schreibmaterial, Papier

In einem ersten Schritt erhalten die Kinder Briefumschläge mit Puzzelteilen des Bildes (Gruppenarbeit). Der Briefumschlag macht neugierig. Die Kinder legen das Bild. Nun werden Wörter zum Bild gesammelt (Garten, Bach, Linien, Jahreszeit, Flächen, Wege, schwarz, rot, gelb). Dabei können Fragen helfen: Was seht ihr auf dem Bild? Welche Farben hat das Bild? Welche Jahreszeit könnte es sein? Welche Tageszeit?

Die Wörter werden aufgeschrieben und zusammen mit der Kopie an die Wand gehängt. In einem nächsten Schritt werden nun Assoziationswörter zu den aufgeschriebenen Wörtern gesucht, z. B.: Herbst: bunt, Sommer: gelb – Sonne – heiß, Garten: wachsen – Blumen – Bäume – Salat – Erdbeeren ernten, Tag: hell – wach, Gras: grün – wachsen – zart – weich. Die Assoziationswörter werden notiert und an der Wand befestigt.

Die nächste Anregung lautet, mit den gesammelten oder

ANREGUNG

Mit jüngeren Kindern kann das Projekt ebenfalls durchgeführt werden. Ein Erwachsener schreibt die gesammelten Wörter auf und malt mit den Kindern Symbole dazu. Dann werden die Wörter immer wieder vorgelesen. Die Kinder diktieren dem Erwachsenen das Gedicht und malen zu jeder Gedichtzeile Symbole.

auch neuen Wörter ein Elfchen zu schreiben. Ein Elfchen ist eine lyrische Textform, die bereits ab der zweiten Klasse eingesetzt werden kann.

Es unterliegt bestimmten Regeln:

1. Zeile:	1 Wort
2. Zeile:	2 Wörter
3. Zeile:	3 Wörter
4. Zeile:	4 Wörter
5. Zeile:	1 Wort
	11 Wörter (Elfchen)

Die erste Zeile nennt das Thema (z. B. eine Farbe, eine Jahreszeit, ein Gefühl, einen Gedanken, einen Oberbegriff), die zweite, dritte und vierte Zeile beschreiben das Thema näher; dabei können Fragen helfen. Die fünfte Zeile setzt ein Schlusswort (zusammenfassender Begriff, Gegensatz, überraschende Wende).

Mögliche Fragen:

Zu 1: Wie soll dein Gedicht heißen?
Zu 2: Kannst du das erste Wort beschreiben?
An was denkst du?
Zu 3: Wie sieht es dort aus? Was gehört noch dazu?
Zu 4: Was fällt dir noch ein?
Zu 5: Finde ein schönes Wort für den Schluss.

Die Wörter sollen nicht nur aneinandergereiht werden, es muss ein innerer Zusammenhang bestehen.

ELFCHEN VOM SOMMER

Sommer
rote Erdbeeren
es ist heiß
am Himmel die Sonne
Leben

(ANNE, 9 JAHRE)

Sommer
erfrischendes Wasser
es ist heiß
der Himmel ist blau
schwimmen

(JANNIK, 8 JAHRE)

Der Sommer ist wie Himbeereis – Stimmungen und Gefühle ausdrücken

Das wird gebraucht:
Papier, Schreibzeug und die Neubearbeitungen „Garten am Bach“ (siehe S. 25)

Zunächst werden die Jahreszeiten beschrieben, die auch Gefühle und Stimmungen repräsentieren. Sinnvoll ist es, anhand der Sinneswahrnehmungen einen Begriff, einen Vergleich zu finden.

Als Hilfestellung werden mit den Kindern Fragen formuliert und beantwortet:

Wie sieht der Sommer aus?	Der Sommer ist hell und bunt.
Wie schmeckt der Sommer?	Der Sommer ist wie Himbeereis.
Wie riecht der Sommer?	Der Sommer ist wie Blumenparfüm.
Wie fühlt sich der Sommer an?	Der Sommer ist heiß.
Wie klingt der Sommer?	Der Sommer ist wie Tanzmusik.

Das Sommergedicht wird den Sommerbildern zugeordnet. In jeder Stunde kann eine andere Jahreszeit beschrieben und zugeordnet werden oder jedes Kind sucht sich seine Jahreszeit aus; so entsteht ein Gedicht- und Bildband.

Für die Schreibaufträge können Kopien angefertigt werden:

Wie sieht der .... aus?
Der .... ist ....

Wie schmeckt der ....?
Der .... ist ....

Wie riecht der ....?
Der .... ist ....

Wie fühlt sich der ....an?
Der .... ist ....

Wie klingt der ....?
Der .... ist ....

HIMBEEREIS

Das wird gebraucht:
250 g tiefgekühlte Himbeeren,
50 g Zucker,
200 g Schlagsahne

So wird es gemacht:
Alle Zutaten in einen hohen Rührbecher geben und 10 Minuten ruhen lassen. Dann mit dem Pürierstab so lange pürieren, bis die gewünschte Konsistenz erreicht ist. Auf vier Dessertschälchen oder in vier Eishörnchen verteilen.

Angst ist ein viel zu enger Schal – Stimmungen und Gefühle ausdrücken

Das wird gebraucht:
Papier, evtl. Malutensilien, Schreibzeug

Durch die Übung mit den Jahreszeiten (siehe S. 28) ist es leichter, an Gedichte für Gefühle heranzugehen. Jedes Kind sucht sich ein Gefühl aus, das es beschreiben möchte, und versucht, auf die fünf Fragen eine Antwort zu finden. Diese reiht es dann als Gedicht aneinander.

Fragen:	*Gedicht:*
Wie sieht Wut aus?	Wut ist ....
Wie schmeckt Wut?	Wut ist ....
Wie riecht Wut?	Wut ist ....
Wie fühlt sich Wut an?	Wut ist ....
Wie klingt Wut?	Wut ist ....

Kopiervorlage:

Wie sieht .... aus?	.... ist ....
Wie schmeckt .... ?	.... ist ....
Wie riecht .... ?	.... ist ....
Wie fühlt sich .... an?	.... ist ....
Wie klingt .... ?	.... ist ....

Beispiele:

Wut ist knallrot und dunkelschwarz.
Wut ist wie Chilisoße.
Wut ist wie Feuer und Rauch.
Wut ist Platzen im Bauch.
Wut ist schrecklich laut.

Angst ist wie die Nacht.
Angst ist traurig.
Angst ist wie der alte Keller.
Angst ist ein viel zu enger Schal.
Angst ist so leise.

Zu dem Gedicht können die Kinder ein Bild malen. Es müssen verschiedene Farben für verschiedene Techniken und Papiere zur Verfügung stehen, denn ein Wutbild braucht andere Farben als ein Freundschaftsbild.

Lieber Gott,

bei dir muss ich nicht immer nett und gut gelaunt sein.
Wenn ich traurig, wütend oder einsam bin, darf ich dir das zeigen. Ich bin froh, dass du mich so nimmst, wie ich bin. Amen.

Fühl mal! – Tastbild

Das wird gebraucht:
Tonkarton oder Hartfaserplatten, Klebstoff, Schere und Fühlmaterialien zum Aufkleben: verschiedene Stoffe, Märchenwolle, Wolle, Schnüre, Felle, verschiedene Papiere, Tapetenreste, Reste von Bodenbelägen (alte Musterbücher), Sandpapier in verschiedenen Stärken, Perlen, Hülsenfrüchte, Naturmaterialien (Baumrinde, Moos, gepresste Blüten, Samen) usw.

Die Materialien werden aufgebaut und die Kinder gestalten frei, anschließend trocknen die Kunstwerke. Im nächsten Schritt werden die Kinder gebeten, ihr Kunstwerk zu ertasten. Wenn Kinder nicht die Augen schließen möchten, wird das Werk unter ein Tuch gelegt. Wer möchte beschreiben, wie sich sein Bild anfühlt? Wie könnte das Bild heißen? Könnt ihr dazu eine Geschichte erfinden? (Beschreibungen sind immer freiwillig!)

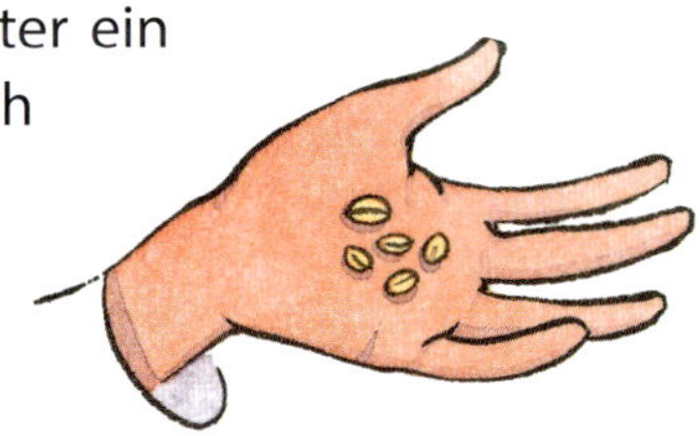

Weitere Möglichkeiten:

- ✔ Den verschiedenen Materialien und ihrer Fühlqualität Farben zuordnen.
- ✔ Einen Namen oder ein Wort in Fühlbuchstaben gestalten.
- ✔ Landschaftsbilder aus Stoffresten oder Naturmaterialien kleben, eine Geschichte zur Landschaft erfinden.
- ✔ Das Bild eines Künstlers als Fühlbild umgestalten, z. B. „Garten am Bach“. Dabei kann das Umrissbild hilfreich sein (s. S. 24). Je nach Entwicklung bekommen die Kinder vorgefertigte Schablonen der einzelnen Umrisse.

Riech mal! – Schnuppergläschen

Das wird gebraucht:

Schnuppermaterial (frische Kräuter, Tees, Gewürze, Kakao, Kaffee, Früchte, Duftöle und vieles aus dem Alltag), Behälter für die Düfte (z. B. kleine Schraubgläser, Duftsäckchen für Tees und Kräuter), verschiedene Malutensilien

Die Kinder nehmen möglichst mit geschlossenen Augen einen Duft auf, den sie in einem Bild umsetzen.

Tipps:

✔ Duftfläschchen bemalen oder bekleben (auch als Geschenk geeignet).

✔ Gibt es einen Duft, der mir guttut? Für diesen ein besonderes Duftfläschchen oder -säckchen gestalten.

✔ Zu jeder Sinneswahrnehmung kann ein Bilderbuch gestaltet werden.

✔ Wenn man jeweils zwei Duftfläschchen mit demselben Duft füllt, lässt sich „Duftmemory“ spielen. Dazu müssen die Kinder mit geschlossenen Augen an den Fläschchen riechen und Paare suchen.

FÜHL MAL! – TASTWEG

Nicht nur unsere Hände können ertasten, unsere ganze Haut ist ein Wahrnehmungsorgan. Kinder haben auch Spaß an einem Tastweg. Alte Teppichbodenfliesen oder Stoffbahnen werden mit Tastmaterialien beklebt (Kleister), z. B. Hülsenfrüchte, feiner und grober Sand, kleine Kieselsteine, Märchenwolle, Stoffe, Schnüre usw.. Auch Tastmaterial, das in (viereckige) Plastikschüsseln oder andere Behälter gefüllt wird, ergibt einen Fühlweg.

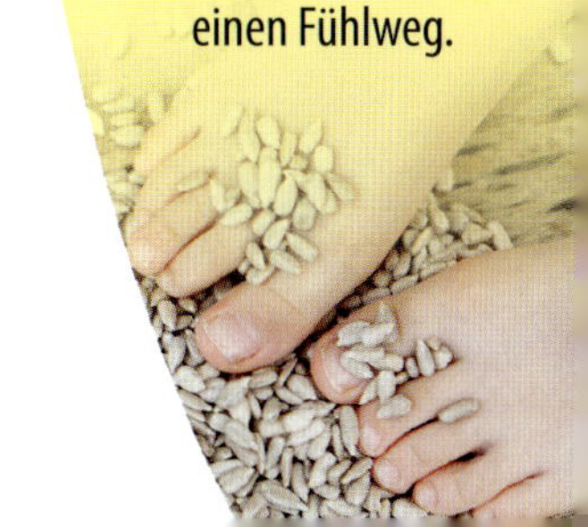

Hast du Töne? – Freies Malen nach Musik

Die Kinder werden eingeladen, Musik zu hören: „Höre die Musik einige Zeit und beginne dann zu malen." Zum Abschluss können die Kinder ihrem Bild einen Namen geben.

Alternativ hören die Kinder eine Musik und malen gleichzeitig dazu. Musik wird in Bilder umgesetzt. Die Kinder erfahren verschiedene Ebenen von Ein- und Ausdruck ihrer Empfindungen. Klangtöne werden Farbtönen zugeordnet.

Geeignet sind unterschiedliche Musikrichtungen: meditative, klassische oder moderne Musik. Instrumentalmusik ist besser geeignet als Musik mit gesungenen Texten, da Erstere breiteren Raum für Kreativität bietet.

Musikbox mit einfachen Klanginstrumenten, Best.-Nr. 623, www.junge-gemeinde.de

Alternative:

Die Kinder nennen Farbkontraste, z. B. schwarz/weiß, blau/gelb. In einem Wortspiel suchen sie weitere Gegensätze: kurz/lang, hoch/tief, kalt/warm, hell/dunkel, fröhlich/traurig usw. Danach überlegen die Kinder, wie die Farben und Motive in Klänge/Töne umgesetzt werden können, z. B. dunkle Farben – tiefe, dunkle Töne. Die Kinder probieren ihre Empfindungen mit verschiedenen Musikinstrumenten selbst aus.

Mich umhüllt die Dunkelheit

HERKUNFT UNBEKANNT

Rituale

Was trauende Kinder brauchen

- ✔ Kinder brauchen Trauergemeinschaft (Gemeinschaft trägt!).
- ✔ Sie brauchen Begleiter, die bereit sind, sich selbst mit Tod und Vergänglichkeit auseinanderzusetzen.
- ✔ Der Umgang mit dem trauernden Kind sollte echt, wertschätzend und empathisch sein.
- ✔ Kinder brauchen Zeit und Raum für Trauer. Grundlegend sind Liebe, Geduld, Toleranz und Verständnis. Trauer fordert von all diesen Dingen „ein Mehr".
- ✔ Wer Trauernde begleiten will, muss die Dinge aus ihrem Blickwinkel sehen.
- ✔ Trauernde wollen immer wieder über ihre Gedanken reden oder sie durch andere Medien ausdrücken. Trauernde brauchen gute Zuhörer.
- ✔ Trösten lässt sich nur mit der Wahrheit! Niemand ist sensibler für unsere Gedanken, Gefühle und Worte als der Trostsuchende selbst.
- ✔ Kinder brauchen die Freiheit, sich ihre Trostbilder selbst auszuwählen.
- ✔ Trauernde Kinder brauchen Rituale und Symbole, Übergangsobjekte, kindgemäße Ausdrucksformen.
- ✔ Wünsche der Kinder ernst nehmen (zur Beerdigung gehen, Blumen kaufen).
- ✔ Kinder brauchen eine Gedenkstätte an Verstorbene (ein Grab oder einen anderen Ort).
- ✔ Kinder auf den nahenden Tod eines Angehörigen/Freundes vorbereiten, sonst ist der Schock noch größer.

- ✔ Im Alltag über den Verstorbenen sprechen.
- ✔ Ausdrucksmöglichkeiten für Ängste und Konflikte sind wichtig.
- ✔ Gefühle der Trauer bringen uns an unsere Grenzen, auch Wut und Hass müssen gelebt werden.
- ✔ Kinder brauchen ihre Hoffnungssymbole. Das heißt aber nicht, dass wir Erwachsene falsche Aussagen vorgeben, z. B. „Oma schläft." Solche Äußerungen wecken falsche Hoffnungen oder gar Ängste (z. B. vor dem Einschlafen).
- ✔ Kinder, die Trauer leben dürfen, erfahren einen neuen Selbstwert. Sie machen die Erfahrung, dass sie auch schlimme Krisen bewältigen können.
- ✔ In der Trauerbegleitung haben mir Kinder häufig die Frage gestellt, ob sie denn noch lachen und sich freuen dürfen. Natürlich gibt es nur eine Antwort: Ja! Aber Kinder entwickeln anscheinend Schuldgefühle. Oft frage ich diese Kinder, ob sie sich vorstellen können, was die verstorbene Person dazu meinen würde. Dann ist die Antwort der Kinder auch ein „Ja".

- ✔ Neben Gesprächen über Trauer, Gefühle, Ängste, Vorstellungen und Sorgen brauchen Kinder auch sachlich richtige Informationen darüber, was nun mit dem Toten geschieht. In diesem Zusammenhang können sie auch erfahren, dass es in verschiedenen Kulturen verschiedene Rituale zur Beerdigung gibt.

Begegnung mit dem Tod: Trauersymbole gestalten

Die folgenden Vorschläge lassen sich gut in Familien oder Kindergruppen umsetzen:

- ✔ Jedes Kind bemalt einen Kieselstein für die verstorbene Person (wasserfeste Farben). Dieser kann z. B. als Grabschmuck dienen.
- ✔ Jedes Kind bemalt ein Tontöpfchen, pflanzt eine Blume hinein und schreibt einen letzten Gruß auf ein kleines Papierfähnchen, das mit einem Holzstäbchen in den Blumentopf gesteckt wird (die Papierfähnchen laminieren).
- ✔ Jedes Kind darf ein Grablicht gestalten: Ein Grablicht wird mit Acrylfarben verziert oder Gläser werden mit Glasmalfarben bemalt. Bei einem Besuch am Grab des/der Verstorbenen wird das Grablicht bzw. eine Kerze im Glas angezündet. Es ist ein schönes Symbol dafür, dass nach dem Tod nicht alles in Dunkelheit versinkt.
- ✔ Gemeinsam wird eine große Kerze für die Trauerfeier verziert, für die trauernde Familie oder für die Einrichtung. Im Bastelhandel gibt es bunte Wachsplatten und Kerzenstifte zu diesem Zweck.

Lieber Gott,

ich bin dankbar, dass ich so viele gute Erinnerungen an .... habe.
Hilf mir, diese schönen Bilder, Momente und Gefühle in meinem Herzen zu bewahren.
Amen.

- ✔ Kinder können einen besonderen Bilderrahmen für das Bild des/der Verstorbenen gestalten. Bilder der Verstorbenen können dankbare oder schmerzvolle Erinnerung sein, aber sie helfen auch, den Verstorbenen nicht totzuschweigen, was man gerade vor Kindern gerne tut. Menschen gehen sehr unterschiedlich damit um. Ein Bild kann heilende Tränen oder ein Gespräch auslösen.
- ✔ Kinder gestalten Trauerkarten/Trauerpost selbst (Collage aus Bildern, Fotos, Texten).
- ✔ Kinder basteln Trauerschmuck: Anstecker oder Armbänder zum Zeichen der Trauer werden entworfen und hergestellt. Jedes Kind (gegebenenfalls auch Erwachsene) trägt diesen Trauerschmuck zum Zeichen seiner Trauer eine Zeit lang, z. B. während der Trauerfeier und Beerdigung oder für einen Zeitraum, den es selbst bestimmt.

FÜR IMMER

Der Stein als Material steht für Beständigkeit. Im Buch Ijob (Hiob) heißt es:
„Ich wünschte, jemand schriebe alles auf, dass meine Worte festgehalten würden, mit einem Meißel in den Fels gehauen, mit Blei geschwärzt, damit sie ewig bleiben!“

Ijob/Hiob 19,23–24

Rituale und ihre Bedeutung

Rituale – Lebensbegleiter

Kinder brauchen einfache, klar strukturierte Rituale. Rituale führen in die jeweilige Kultur, Gesellschaft oder Religion ein, lassen das Leben erkennen und gleichzeitig sinnvoll gestalten, sind Ein- und Ausdruck. Seit Urzeiten entwickelt der Mensch Rituale, symbolische Handlungen von Geburt bis Tod, die ihm helfen, sein Leben zu meistern. Rituale sind wichtige Begleiter im Leben eines Kindes und sollten ganz bewusst gestaltet und gelebt werden. Sie strukturieren den Alltag, schaffen sichere Grenzen, geben einen Rahmen der Ordnung und Zuverlässigkeit vom Guten-Morgen-Kuss bis zur Gute-Nacht-Geschichte. Sie machen den Jahres- und Lebenskreis, den Alltag, das Leben selbst überschaubar. Durch ihre Wiederholung in einem bestimmten Rhythmus schaffen sie eine Vertrautheit, die Kindern Sicherheit schenkt, sie in ihrer Persönlichkeitsentwicklung stärkt und gegen Entwicklungsängste und in Krisensituationen hilfreich ist.

Rituale – Sterbensbegleiter

Der Sinn des Rituals ist nicht unbedingt logisch erfassbar, er liegt viel mehr im Tun und berührt uns auf einer tiefen seelischen Ebene. Aus der Zuverlässigkeit von Ritualen können Kinder neue Schritte in Unbekanntes wagen, dem Erlebten einen Ausdruck geben, es verarbeiten oder Hilfreiches wiederholen. Im Ritual können wir ausdrücken, wozu uns die Worte fehlen. Das Ritual hilft uns, für eine verstorbene Person noch etwas zu tun. Wir müssen die Macht und Willkür des Todes nicht einfach nur ertragen, wir haben Handlungsmöglichkeiten. Durch das Ritual sind wir unserer Ohnmacht und Handlungsunfähigkeit nicht nur hilflos ausgeliefert. Gemeinsame Rituale vermitteln das Gefühl der Gemeinschaft und Geborgenheit, geben Trauernden Kraft.

Verlorene Rituale

Es ist modern geworden, bei Sterbefällen alles von einem Institut erledigen und organisieren zu lassen. In unserer schnelllebigen Zeit mag dies eine Erleichterung sein, aber „Trauerhandlung“ ist kaum möglich. „Trauerhandlungen“ sind für einen gesunden Trauerprozess von größter Bedeutung. Sie bringen zum Ausdruck, der Ohnmacht im Angesicht des Todes etwas entgegensetzen zu können, dem Sterbenden und Toten Liebesdienste erweisen zu können, sich verabschieden und loslassen zu können. Inzwischen gibt es Beerdigungsinstitute, die Trauernde bewusst mehr einbeziehen, ihnen „Trauerhandlungen“ ermöglichen. So stehen Räume zur Verfügung, in denen die Hinterbliebenen je nach Bedürfnis Zeit bei den Toten verbringen dürfen und in ihrer Trauer begleitet werden. Kinder dürfen auf Wunsch den Sarg des/der Verstorbenen bemalen.

ANREGUNG

Im Buch „Der kleine Prinz“ von Antoine de Saint-Exupéry gibt es einige schöne Zeilen zum Thema Rituale:

„Es wäre besser, du wärst zur selben Stunde wiedergekommen“, sagte der Fuchs. „Wenn du zum Beispiel um vier Uhr kommst, kann ich um drei Uhr anfangen, glücklich zu sein. Es muss feste Rituale geben.“

Blumenzwiebeln pflanzen

Das wird gebraucht:
großer Topf mit Blumenerde, Blumenzwiebeln, Teelichter, Zündhölzer, evtl. Seidentücher für die Mitte

Die Leiterin/der Leiter spricht: ……… ist gestorben. Wir sind traurig! Er/sie fehlt uns so sehr. Es gibt schöne Erinnerungen. Wir denken oft an ………… . Die Erinnerungen leben weiter. Vielleicht hat jeder eine andere wichtige, schöne Erinnerung. Für diese Erinnerungen an ……… pflanzt jeder eine Blumenzwiebel.

Zum Abschluss werden Teelichter angezündet und um den Topf gestellt.

Legespiel

Das wird gebraucht:
grauer, brauner und bunter Tonkarton, Schablonen, Schere, Stifte

Auf grauem Tonkarton sind in dunklen Tönen Himmel und Erde leicht angedeutet. In die Erde legen wir die Blumenzwiebel, aus braunem Karton gestaltet.

Aus buntem Karton basteln wir eine Blume (Blätter, Stängel, Blüte), Schmetterlinge, Bienen, Vögel, Regenwurm, helle Wolken, Sonne, Berge – alles, was zum Sommer dazugehört.

Es wird mit einem Farbwürfel gewürfelt. Der gewürfelten Farbe entsprechend sucht das Kind ein Motiv aus und legt es auf den grauen Untergrund. So entsteht nach und nach ein Sommerbild.

Die Blumenzwiebel

Das wird gebraucht:
CD-Spieler, ruhige Musik, Papier in Form einer Blumenzwiebel, Stifte oder Wasserfarben

Die Leiterin/der Leiter spricht:

Manchmal fühlen wir uns
wie eine Blumenzwiebel im Winter.
Sie träumt vom Sommer,
von Farben, vom Duft, von Tieren, vom Leben.
Aber sie muss noch Geduld haben.

Manchmal geht es uns auch so.
Da ist tief in uns,
unter vielen Schichten und Schalen,
ein Traum, ein Wunsch
und wir müssen Geduld haben.
Manchmal haben wir Geduld,
manchmal nicht.
Sicher habt ihr so etwas auch schon erlebt.

Ihr hört jetzt gleich leise Traummusik
und bekommt Papier,
das die Form einer Blumenzwiebel hat.
Bestimmt könnt ihr einen Traum in die Zwiebel malen,
der ganz tief in euch ist.

Erinnerungsmandala

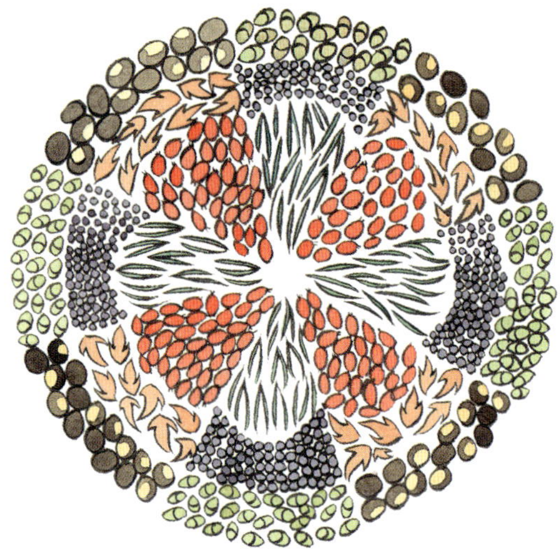

TUT DIES ZU MEINEM GEDÄCHTNIS

Beim letzten Abendmahl vor seinem Tod hat Jesus seinen Jüngern aufgetragen, die Erinnerung an ihn lebendig zu halten: „Und er nahm Brot, sprach das Dankgebet, brach das Brot und reichte es ihnen mit den Worten: Das ist mein Leib, der für euch hingegeben wird. Tut dies zu meinem Gedächtnis!" (Lukas 22,19). Nicht nur die Jünger haben sich daran gehalten, auch heute noch erinnern wir Christen uns beim Abendmahl in der Kirche in besonderer Weise an Jesus. Im Brot fühlen wir uns ihm nah. So ist die gemeinsame Abendmahlfeier ein wichtiges Erinnerungsritual.

Das wird gebraucht:

Gymnastikreifen, (evtl. mit Krepppapier umwickelt oder mit Acrylfarbe bemalt), ein gefärbtes Bettlacken oder eine Tischdecke oder ein gefärbtes Stück Seide, eine große Kerze, verschiedene Naturmaterialien (Blüten, Zapfen, Blätter, Früchte, Muscheln, Schneckenhäuser usw.), Gegenstände, die an die verstorbene Person erinnern

Der Reifen wird auf das ausgebreitete Tuch gelegt, die große Kerze steht in der Mitte, die Kinder schmücken mit den vorhandenen Naturmaterialien und Gegenständen den Kreis.

Trauemischen

Eine Kuschelecke wird eingerichtet oder es wird – ähnlich dem Jahreszeitentisch in der Waldorfpädagogik – ein Tisch gestaltet. Auf einem Trauertisch können die Kinder Kerzen anzünden. Jedes Kind darf einen Gegenstand, ein Symbol auf den Trauertisch legen. Ob Kuschelecke oder Trauertisch: Die Kinder sollen selbst planen und entscheiden, wie und was sie gestalten möchten. Auch Veränderungen sind bedeutend. Die Gestaltung soll den Charakter einer Feier, eines Rituals haben. Der Trauertisch kann z. B. in der Mitte eines Stuhlkreises gestaltet werden, eventuell begleitet von meditativer Musik.

SCHATZTRUHE

Ähnlich dem Trauertisch kann eine Schatztruhe, eine Erinnerungstruhe, hergestellt werden. Ein Karton wird bemalt, beklebt (mit Papier, Bildern, Perlen, Muscheln usw.) oder mit Pappmaschee gestaltet. In der Truhe werden Erinnerungen gesammelt. Das können Gegenstände, aufgeschriebene Geschichten oder gemalte Bilder sein. Gerade in der ersten Trauerzeit kann eine Kerze auf der Truhe brennen (Teelicht in einem Glas).

Patchwork

Auf ganz unterschiedliche Art und Weise, ob aus Stoff, Papier oder anderen Materialien, können wir mit Kindern Patchworks als liebevolle Erinnerung an die verstorbene Person gestalten.

Möglichkeiten zur Gestaltung eines Patchworks:

Jeder Trauernde (Familie, Freunde, Nachbarn) fertigt für den Verstorbenen ein Rechteck aus Stoff an. Dabei versucht er, etwas von seiner Beziehung zu dem Verstorbenen darzustellen oder einen bestimmten Wesenszug oder eine Vorliebe von ihm. Die einzelnen Stoffstücke können bemalt, bestickt oder beklebt werden. Es können Symbole, persönliche Gegenstände, Dinge aus dem Alltag aufgenäht werden und vieles mehr. Die Größe der Stoffstücke sollte zuvor festgelegt werden. Gemeinsam werden die Stücke zusammengenäht – eine Gelegenheit, bei der wir über die verstorbene Person sprechen und uns erinnern können. So ist sie auf gewisse Weise bei uns.

Eine solche Patchworkarbeit kann auch aus Papier zusammengeklebt werden: Jeder malt etwas, das ihn an die verstorbene Person erinnert und/oder mit ihr verbindet. Kinder könnten auch malen, was sie ihrem verstorbenen Spielkameraden oder seiner Familie wünschen, z.B. einen Schutzengel, einen Stern usw. Kinder haben viele Ideen, wenn wir ihnen die Chance geben, diese zu verwirklichen.

In allem Dunkel brennt auch ein Licht

Guter, Gott,
in allem Dunkel brennt auch ein Licht.
Wir zünden eine Kerze an für die vielen schönen
Augenblicke, die wir mit denen, um die wir trauern,
erlebt haben. Wir haben miteinander gelacht.
Wir haben gestaunt. Wir haben miteinander das Leben
genossen. Wir haben …
(Hier können eigenen Erinnerungen eingefügt werden.)

Wir zünden eine Kerze an für die vielen Augenblicke,
wo wir uns vertraut und nahe fühlten,
für jedes Lächeln, jedes freundliche Wort,
für jedes zärtliche: Ich hab dich lieb, für …
(Hier können eigene Erinnerungen eingefügt werden.)

Wir zünden eine Kerze an für uns, die wir weiterleben
mit Trauer und mit Erinnerungen, mit wehem Herzen und
mit Hoffnungen, mit unseren Bildern, Kerzen, Blumen,
Liedern, Gebeten, mit …
Wir wollen leben – miteinander und mit Gottes Kraft.

URD RUST

FOTOWAND

Das gemeinsame Anschauen von Fotos des Verstorbenen ist eine schöne Möglichkeit, Erinnerungen wiederaufleben zu lassen. Dabei kann man die Kinder eine Auswahl der Fotos treffen lassen, die ihnen am besten gefallen. Diese Fotos werden zu einer Fotowand gestaltet, entweder in Form einer Collage oder indem sie in einen durchsichtigen Kunststoffvorhang mit Taschen gesteckt werden. Letzterer bietet die Möglichkeit der Veränderung, da Bilder jederzeit ausgetauscht werden können. Auch andere kleine Erinnerungsstücke haben in den Taschen Platz.

Trostbüchlein

Wenn wir in der Passionszeit oder am Ende des Kirchenjahres mit Kindern über Sterben und Tod ins Gespräch kommen, dann stellt sich notwendigerweise auch die Frage, wie wir Trost finden und schenken können. Besonders existenziell wird die Frage, wenn Kinder, Eltern oder Mitarbeitende sterben und der Tod mitten ins Kinderkirch- oder Schulleben einbricht.

Wird das Thema unabhängig von einer realen Trauersituation aufgegriffen, kann ein stummer Impuls ins Thema einführen: Ein Bild wird in die Mitte gelegt, das eine Mutter zeigt, die ihr Kind tröstet. Sollten die Kinder nicht spontan reagieren und über Trostsituationen sprechen, dann kann die Frage angeschlossen werden: „Wann brauchen wir Trost?" Die Kinder werden ähnlich über den Tod eines Menschen oder eines Haustieres sprechen wie über misslungene Klassenarbeiten, Unfälle oder Situationen, in denen sie sich ausgegrenzt gefühlt haben.

Anhand unterschiedlicher Stationen, die an verschiedenen Tischen oder in kleinen Boxen untergebracht werden können, gestaltet dann jedes Kind die einzelnen Seiten seines eigenen Trostbüchleins.

Wenn die Kinder gemeinsam von Station zu Station gehen, kann nach jeder einzelnen Station das Lied „Meine Hoffnung und meine Freude", das ebenfalls im Büchlein abgedruckt ist, gesungen werden.

Die Kopiervorlage des Trostbüchleins auf Seite 94 kann auf ein weißes DIN-A4- oder DIN-A3-Blatt vergrößert werden. Die Kopie wird dann folgendermaßen gefaltet, damit ein kleines Büchlein entsteht:

Faltanleitung

Die Vorlage wird zunächst an den gestrichelten Linien gefaltet. Dann wird das Blatt wieder in der Mitte zusammengefaltet. So kann die durchgezogene Linie dann einfach eingeschnitten werden. Dann das Blatt wieder auseinanderklappen und in der Mitte längs falten. Das gefaltete Blatt von außen nach innen zur Mitte hin zusammenschieben. Das Blatt dann an den gefalteten Kanten so zusammenfalten, dass die Titelseite außen ist und somit ein Büchlein entsteht. Die leeren Innenseiten werden zusammengeklebt. Fertig ist das Büchlein. Anschließend können die Bilder noch ausgemalt werden.

Die vier Stationen

Station 1: „Mein Lieblingstrostvers aus einem Psalm"

Auf einem schönen Tuch liegen mit verschiedenen
Psalmversen bedruckte kleine Kärtchen (jeweils in mehrfacher Ausfertigung), z. B.:

Psalm 4,2: Du tröstest mich in meiner Angst.
Psalm 4,9: Ich liege und schlafe ganz mit Frieden, denn allein du, Herr, hilfst mir, dass ich sicher wohne.
Psalm 23,4: Und ob ich schon wanderte im finstern Tal, fürchte ich kein Unglück, denn du bist bei mir.
Psalm 139,5: Von allen Seiten umgibst du mich und hältst deine Hand über mir.

Die Kinder lesen sich die Verse durch und entscheiden sich für ihren Lieblingsvers. Sie nehmen sich eines der Psalmkärtchen, kleben es in ihr Trostbüchlein und gestalten die Seite mit einem schönen Rahmen (Schmuckblatt). Wer will, darf seinen Psalm natürlich auch selbst ins Trostbüchlein schreiben.

Station 2: „Das hilft mir, wenn ich traurig bin"

Auf einem Tisch oder in einer Box liegen Gegenstände bereit, die uns helfen, wenn wir traurig sind. Zum Beispiel: ein Teddybär, ein tröstliches Kinderbuch, ein Familienfoto (als Symbol für Menschen, die uns Trost spenden), eine Kerze, eine Kuscheldecke, Taschentücher, ein Kindergebet (z. B.: „Gott, ich bin furchtbar traurig. Ich brauche jemanden, der mich tröstet. Bitte hilf mir, damit ich mich wieder freuen kann und mich nicht mehr so allein fühle. Amen.") usw.

Jedes Kind schreibt oder malt auf die passende Seite in sein Trostbüchlein, was ihm persönlich hilft, wenn es traurig ist. Das können Gegenstände aus der Box oder ganz andere Dinge sein.

Station 3: „So kann ich andere trösten, die traurig sind"

Die Kinder erhalten zwei Kärtchen. Auf jedem Kärtchen ist der Beginn einer Geschichte zu lesen. Die Geschichten werden laut vorgelesen. Gemeinsam wird überlegt, wie die jeweilige Geschichte weitergehen könnte. Jedes Kind entscheidet sich für einen Geschichtenanfang, klebt diesen in sein Trostbüchlein und schreibt die Geschichte weiter.

Geschichte 1:

Zappelnd wie immer sitzt Florian bei Oma und Opa am Mittagstisch. Er will heute nicht in Ruhe essen, schon gar nicht still sitzen. Draußen scheint die Sonne so schön und Florian will viel lieber im Freien spielen und mit seinem Roller unterwegs sein. „Wir gehen nach dem Essen zusammen raus", sagt Oma. Florian will aber nicht warten. Als er den letzten Bissen des Mittagessens noch im Mund hat, hüpft er schon von seinem Stuhl und läuft in den Flur. Plötzlich stolpert er über die kleine Stufe an der Haustür und fällt hin. Sein Arm tut ihm schrecklich weh und am Ellbogen blutet er sogar. Florian muss vor Schmerz und Wut laut weinen. Oma und Opa hören das Weinen …

Geschichte 2:

Pia freut sich. Heute darf sie endlich bei ihrer besten Freundin Isabel übernachten. Pia und Isabel machen eigentlich alles zusammen: Sie treffen sich in der Schule, sitzen nebeneinander an einem Tisch und spielen fast jeden Nachmittag miteinander. Und heute darf Pia zu Isabel und sogar über Nacht bleiben.
Pünktlich steht Pia am Abend mit Schlafsack und Kuscheltier vor Isabels Haustür. Beide Mädchen freuen sich. Isabels Mama hat sogar extra Pizza gebacken und liest den beiden Mädchen am Abend noch vor. Dann krabbeln beide Mädchen ins Bett. Pia versucht einzuschlafen. Aber irgendwie geht das nicht. Hier ist es so dunkel. Und sie vermisst ihre Mama. Leise fängt sie an zu weinen. Sie kann nichts gegen die Tränen machen. Isabel hört Pias Schluchzen …

Station 4: Engel als Begleiter

Auch der Gedanke an Engel, die von Gott kommen und uns begleiten, kann ein Trost sein. Neben den Segenswunsch „Einen Engel wünsch ich dir …“ dürfen die Kinder selbst einen Engel malen.

Etwas Unwiderrufliches

An einem Wintertag, wie man ihn sich schöner und strahlender nicht denken kann, flog Nicky Thürauf beim Schlittenfahren aus der Kurve, stürzte und schlug mit dem Hinterkopf hart auf einen Stein. Es war der einzige Stein weit und breit, ein vergessener Grenzstein, der ohne Sinn und Nutzen am Rand der Wiese stand.

Jan und Mareike, die zusammen die Schlittenbahn hochkamen, sahen Nicky im Schnee liegen. Ein wenig sonderbar lag er da neben seinem umgekippten Schlitten und rührte sich nicht.

„He, Nicky!", riefen sie ihm zu, „steh doch auf!"

Als Nicky keine Antwort gab, stellten sie ihren Schlitten an den Rand und stapften zu ihm hin, um ihm wieder auf die Beine zu helfen.

Nicky hatte die Augen weit aufgerissen und sah ganz erstaunt aus. Neben ihm im Schnee lag ein roter Anstecker mit der Aufschrift STOP. Den hatte er beim Sturz verloren. Mareike bückte sich und hob ihn auf.

Jan berührte Nickys Schulter und sagte ängstlich: „Du, was ist denn? Sag doch was!" Er rüttelte ihn ein bisschen, aber plötzlich fuhr er hoch und rief mit einer Stimme, die sich vor Schreck überschlug: „Er blutet ja! Schau doch! Er blutet!"

Unter Nickys Kopf sickerte Blut hervor und färbte den Schnee rot. Entsetzt starrten die Kinder auf den roten Fleck, der sich unaufhaltsam ausbreitete. Und sie erschraken in der Tiefe ihrer Herzen.

Alles, was danach kam, das Laufen und Schreien, der Krankenwagen, der mit Blaulicht angerast kam, die aufgeregten Stimmen: Wer? Wer ist es? Wer hat es gesehen? Wer sagt es den Eltern? Wer? Wer? – all das erlebten sie wie hinter einem Nebel. Aber niemals vergaßen sie dieses tödliche Erschrecken und den furchtbar klaren Augenblick, in dem sie begriffen, dass etwas Unwiderrufliches geschehen war.

Viele Wochen später, als der Schnee geschmolzen war und die Menschen sich längst mit anderen Aufregungen beschäftigten, wanderte an einem Sonntagnachmittag eine Familie vom Wald herab dem Dorf zu. Da kamen sie an einem Kreuz vorbei, das ein wenig abseits nahe einer Wiese stand.

„Was ist das?", fragte das Mädchen. „Das war doch sonst nicht hier." Sie blieben stehen. Das Kreuz war klein, kaum höher als das Sommergras, schmucklos aus zwei Holzlatten zusammengenagelt. Wo die beiden Latten sich kreuzten, waren unbeholfen ein Name und ein paar Zahlen ins Holz geritzt; – darunter – mitten durchs große O genagelt – ein roter Anstecker aus Blech mit der Aufschrift STOP. Eine Kette aus frischen Margeriten und Butterblumen wand sich um die Mitte des Kreuzes und rahmte die Schrift ein.

„Was bedeutet das?", fragten die Kinder und betrachteten das Kreuz neugierig.

„Es bedeutet, dass jemand hier gestorben ist", erwiderte die Mutter.

„Hier?" Die Kinder schauten ungläubig über das Gras und die Blumen hin, die sich sanft im Sommerwind bewegten.

„Sterben kann man überall", sagte der Vater.

Die Kinder gingen nahe an das Kreuz heran und der Junge buchstabierte: „N-i-ck-y Thü-rau-f."

„Sch!", machte das Mädchen. Sie entzifferte die Zahlen und rechnete angestrengt vor sich hin. „Nächste Woche hätte er Geburtstag", erklärte sie. „Am Donnerstag." Und nach einer Pause: „Dann wäre er acht."

„Acht!", rief der Junge betroffen. Genauso alt war er selber gerade geworden. Eine Weile standen sie alle schweigend zusammen vor dem Kreuz und jeder hing seinen Gedanken nach.

GESPRÄCHS-IMPULSE

- ✔ Was meint ihr: Wofür ist der STOP-Anstecker am Kreuz da?
- ✔ Habt ihr auch schon einmal ein Holzkreuz am Wegesrand gesehen, das an ein Unfallopfer erinnert?
- ✔ Vielen Trauernden ist ein solches Kreuz zur Erinnerung am Ort des Unfalls sehr wichtig. Andere Menschen würden diese Kreuze am liebsten abbauen. Könnt ihr euch vorstellen, warum?

„Kommt", sagte die Mutter endlich. „Lasst uns weitergehen!"
Der Junge nickte und konnte sich doch nicht losreißen.

„Und der Anstecker?", fragte er. „Warum ist der Anstecker da?" Aber die anderen waren schon weitergegangen.

Der Junge wandte sich um und stolperte über den Stein. Fast wäre er gefallen. Er konnte sich gerade noch abfangen.

„Hoppla", sagte er. Er schaute den Stein an und runzelte verwundert die Stirn. Dann rannte er mit großen Sprüngen hinter den anderen her.

RENATE SCHUPP

Papiertränen

Das wird gebraucht:
buntes Papier, Schere, dünne Stäbe, Krug

Die Kinder schneiden aus (blauem) Papier Tränen aus. Die Kleineren brauchen dazu eine Schablone. Die Größeren können auf ihre Papiertränen schreiben, was sie traurig macht. Die Papiertränen werden in einem Krug gesammelt. Beim Einlegen kann jedes Kind, wenn es möchte, vorlesen, was es aufgeschrieben hat. Diese Aktion lehnt sich an Psalm 56,9 an, wo steht: „Mein Elend ist aufgezeichnet bei dir. Sammle meine Tränen in einem Krug, zeichne sie auf in deinem Buch!"

Als Zeichen dafür, dass die Tränen verwandelt werden, schneiden die Kinder Blüten aus buntem Papier aus und beschriften diese mit einer Erfahrung der Verwandlung von Traurigkeit in etwas Schönes. An dünne Stäbe geklebt und in den Krug gestellt, ergibt sich ein bunter Blumenstrauß, Zeichen der in Freude verwandelten Tränen.

Gott,

segne unsere Tränen, die wir weinen in unseren Schmerzen und unserer Trauer. Segne unsere Tränen, die wir weinen mit anderen Menschen, die Schmerzen leiden müssen und traurig sind. Segne unsere Tränen, dass sie uns nicht blind machen. Lass unser Herz und unsere Augen erkennen, wo unsere Hände lindern und helfen können. Gott, du hast versprochen, dass du einst alle Tränen abwischen willst von unseren Augen. Darauf hoffen wir. Darauf vertrauen wir. Stärke unser Vertrauen mit deinem Segen.

ELKE KÄSTEL

Kranz binden

Der Kranz, der Kreis, steht für Anfang und Ende, für Vollkommenheit und das Göttliche. Wir binden gemeinsam einen Kranz und schließen einen (Lebens-)Kreis. Wir organisieren, planen, überlegen, was zu dem Verstorbenen passt. Was mochte er/sie? Welche Lieblingsfarbe oder -blume, welcher Bibelspruch passt für die Schleife?

Das wird gebraucht:

Strohkranz, Zange, evtl. Heckenschere, Blumendraht, Naturmaterialien (Buchs-, Tannenzweige, Efeu, Getreide, Herbstlaub usw.), Materialien als Schmuck (Schleifen, Kerzen, selbst gemachte kleine Tonfiguren oder andere Dinge, Blumen usw.), Gegenstände, die an den Verstorbenen oder die Beziehung zu ihm erinnern (z. B. an ein Hobby oder eine Vorliebe)

So wird es gemacht:

Efeu bzw. grüne Zweige und Naturmaterialien fest mit Blumendraht um den Kranz wickeln. Ist der Kranz ganz bedeckt, wird er geschmückt. Dazu die gewünschten Gegenstände aufdrahten und in den Kranz binden oder stecken.

Tipps:

- ✔ Schleifen mit Stofffarben selbst beschriften.
- ✔ Jahreszeitliche Kränze fertigen, z. B. einen Kranz aus Buchsbaum und Frühlingsblumen oder ein Herbstkranz aus buntem Laub, Kastanien, Erika usw.
- ✔ Eine Variante sind Blumenherzen. Steckmasse gibt es in Herzform fertig zu kaufen oder man schneidet sie aus Rechtecken zu. Die Blumen werden in das Herz gesteckt.

Eine Kerze anzünden

Der Tod macht uns zunächst ohnmächtig, handlungsunfähig. Die symbolische Handlung, eine Kerze für Verstorbene anzuzünden, kann ein Schritt sein, um uns aus dieser Ohnmacht herauszuholen.

Als Zeichen der Teilnahme können wir auch Trauernden eine Kerze schenken, z. B. zusammen mit einem Blumenstrauß oder einem Gesteck. Das Licht der Kerze ist Hoffnungsträger. Dazu kann entweder ein Glas mit Transparentpapier, das in Stücke gerissen wurde, und Kleister von außen beklebt werden. Anschließend setzt man ein Teelicht hinein. Oder eine größere Kerze wird mit Motiven, die aus Wachsplatten geschnitten werden, verziert (s. Seite 38).

Lieber Gott,

pass gut auf
…
und bleibe bei ihm/ihr, so wie du auch immer an meiner Seite bist. Amen.

Für die Verstorbenen und Trauernden beten

Wir vertrauen Gott unsere Sorgen an und bitten ihn, uns bzw. die Angehörigen und die Verstorbenen zu begleiten. Es ist wichtig, zu wissen, dass wir für die Verstorbenen so noch etwas tun können.

Die Fußwaschung

Es geschah vor dem Paschafest. Jesus hatte seine Jünger zu einem Mahl eingeladen. Mit einem Festessen wollte er von seinen Jüngern Abschied nehmen. Schwere Tage standen ihm bevor. Denn er rechnete mit seiner baldigen Verhaftung. Seine Gegner würden seinen Tod fordern.

Mit diesem Mahl wollte er seinen Freunden nochmals seine ganze Liebe zeigen. Sie sollten spüren, dass seine Freundschaft mit ihnen nie enden würde und durch nichts zerstört werden konnte. Gleich, was auch passiert, Gott ist treu. Dieses Vertrauen sollte in ihnen unerschütterlich sein.

Ein besonderes Zeichen wollte er ihnen deshalb hinterlassen. Daran sollten sie erkennen, wie groß die Liebe Gottes ist, die Liebe seines himmlischen Vaters. Dann würden sie auch wissen, wie sie die Gemeinschaft untereinander in seinem Geist aufrechterhalten und weiterführen konnten.

Er steht während des Essens auf, legt sein Obergewand ab und bindet sich ein Leinentuch um.

Dann gießt er Wasser in eine Schüssel und beginnt, seinen Jüngern die staubigen Füße zu waschen. Schon so lange sind sie mit ihm unterwegs. In Treue sind sie ihm bisher gefolgt. Aber er weiß auch, wie rasch sie an ihm zweifeln konnten. Schnell konnte die Angst ihr Herz ergreifen und ihre Schritte lähmen. Ganz sanft und aufmerksam trocknet er Fuß für Fuß ab. Spürten sie, wie sehr er jeden Einzelnen von ihnen lieb hatte?

Als er zu Petrus kommt, zieht der seine Füße zurück und wehrt erschrocken ab: „Jesus, du bist unser Herr und Meister. Was du machst, das ist ein Sklavendienst. Eher sollten wir dir die Füße waschen und nicht du uns."

Jesus aber lässt sich nicht davon abbringen: „Wenn ich dir nicht die Füße waschen darf, dann wirst du nicht in der Gemeinschaft mit mir bleiben. Ich will aber, dass unsere Freundschaft bestehen bleibt, was immer auch geschieht." – „Wenn das so ist", sagt Petrus, „dann kannst du mir gleich die Hände und den Kopf mitwaschen."

Er hat es immer noch nicht verstanden, was Jesus seinen Jüngern zeigen will. Deshalb erklärt es Jesus ihnen am Ende noch einmal: „Ihr sagt zu mir Meister und Herr. Ihr nennt mich mit Recht so, denn das bin ich für euch. Wenn ich euch heute trotzdem die Füße gewaschen habe, dann soll das ein Beispiel für euch sein. Normalerweise lässt ein guter Gastgeber von Dienern die Füße waschen, wenn sie zu ihm eingeladen sind. Es ist ja auch notwendig, wenn man über die staubigen Straßen barfuß oder mit Sandalen gelaufen ist. Aber es ist ebenso ein schönes Zeichen der Ehrerbietung und Gastfreundschaft."

„Ja, so ist das bei uns üblich", bestätigt Petrus. – „Was ihr aber nicht verstanden habt", fährt Jesus fort, „ist Folgendes: Wie ich euch die Füße gewaschen habe, so sollt auch ihr einander die Füße waschen. Dann wird meine Liebe immer bei euch bleiben und die Leute werden daran merken, dass ihr meine Jünger seid. Ihr sollt euch zueinander nicht wie die Herren benehmen und Macht übereinander ausüben. Einer soll bereit sein, für den anderen zu leben, so wie ich immer für euch da war. Vor allem sollt ihr immer den ersten Schritt aufeinander zugehen und einander verzeihen. Eure Liebe zueinander soll keine Grenze haben und keinen ausschließen. Dann kann euch nichts von mir trennen. Selbst der Tod nicht."

PETER HITZELBERGER, NACH JOHANNES 13,1–7

Ich möchte etwas loswerden

Das wird gebraucht:
Schminkstifte, Gefäß(e) mit Wasser, Handtücher, Cremes oder Öle

In der Trauer steigen oft auch unangenehme Gefühle in uns auf. Wir fühlen uns alleingelassen. Manche empfinden Wut, vielleicht sogar Hass: auf den Partner, Freund, der sie zurückgelassen hat, … auf Gott.

Es ist berechtigt, sich in der Trauer als Opfer zu fühlen. Diese starken Gefühle lösen dann jedoch oft auch Schuldgefühle aus. Der Verstorbene kann ja nichts dafür. Gott dafür verantwortlich zu machen, nimmt uns nicht die Trauer und den Schmerz ab.

Die Spirale aus Trauer, Ohnmacht, Wut, Verzweiflung und Selbstverachtung zieht immer tiefer hinab. Rituale können helfen, unangenehme Gefühle loszulassen, wieder Gutes zuzulassen, Wertschätzung an sich geschehen zu lassen und zu genießen. Letztlich ist es die Liebe und Zuwendung, die wir erfahren, die uns wieder ins Leben zurückholt. Sie kann uns die Kraft geben, vom „Grab" wegzugehen.

Die Fußwaschung kann ein Ritual sein, unangenehme Gefühle, die mit unserer Trauer verbunden sind, loszulassen und das heißt auch, sie erst einmal zuzulassen. Wenn wir einander liebevoll diesen Dienst tun, dann können diese Gefühle dem Wasser übergeben werden. Gleichzeitig wird erfahren, dass die Liebe und Zuwendung des anderen alles umfängt, was in uns da ist.

Mit Schminkstiften werden die Gefühle, die da sind, auf die Füße geschrieben. Dann werden die Füße gewaschen, abgetrocknet und mit wohlriechenden Cremes oder Ölen massiert. Es wird von der Gruppe abhängen, ob die Fußwaschung gegenseitig geschieht oder die Leiterin/der Leiter die Füße wäscht.

Gesprächskreis

Zur Vorbereitung eines Gesprächkreises erhalten die Teilnehmer die Aufgabe, sich genau zu überlegen, was sie über die verstorbene Person im Kreis sagen möchten, dazu gehört auch Kritik! Schönreden ist nicht wirkliche Trauer und Teilnahme. Weiter können sie darüber nachdenken, ob der Verstorbene bestimmte Wünsche an sie hätte, die sie in ihr Leben einbinden könnten. Was würde er ihnen sagen?

Jeder Teilnehmer darf eine Kerze anzünden und seine Gedanken und Ideen vortragen. Eventuell kann man einige Notizen machen und diese zu den Kerzen legen.

DER NACHLASS

Zum Nachlass zählen nicht nur materielle Dinge. Gemeinsam kann mit den Kindern überlegt werden, wer welchen Gegenstand als Erinnerung behalten darf. Genauso wird festgelegt, wer sich verantwortlich erklärt, eine bestimmte Begebenheit oder einen bestimmten Wesenzug der verstorbenen Person in Erinnerung zu behalten. Dazu können mit Kindern Symbolkärtchen gemalt werden. Das Regeln des Nachlasses bringt ein Stück Ordnung und Sicherheit in das Chaos der Trauer, ist Abschied und Neubeginn.

David trauert um Jonatan

David ist ein berühmter Mann. Er kann gut singen und Harfe spielen. Außerdem ist er stark und listig und hat schon viele Feinde besiegt.

Aber heute ist ein sehr trauriger Tag für ihn. Gerade hat er eine schlimme Nachricht bekommen. Sein bester Freund Jonatan ist tot! Er ist in einem Krieg getötet worden, zusammen mit seinem Vater, König Saul. David ist so traurig, dass er gar nicht mehr normal denken oder reden kann. Tränen kullern über seine Wangen. Sein Herz tut ihm so weh, als wollte es in Stücke reißen. David fängt laut an zu schreien und zu klagen. Auch seine Begleiter sind über die Nachricht so traurig, dass sie hemmungslos weinen und klagen. Als Zeichen ihrer Trauer zerreißen sie ihre Gewänder. Man soll sehen, wie traurig sie sind. Sie sind so traurig, dass sie keinen Appetit mehr haben und deshalb den ganzen Tag nichts essen.

Am Abend nimmt David seine Harfe. Musik hilft ihm immer. Er summt und singt gerne seine Gedanken. Das geht leichter als reden. An diesem Abend dichtet er das „Bogenlied" für seinen Freund Jonatan, den er so lieb wie einen Bruder gehabt hatte. Ein Bogenlied, weil Jonatan ein guter Bogenschütze gewesen war.

Am nächsten Tag ist David immer noch sehr traurig. Aber er erinnert sich auch an die vielen Erlebnisse mit Jonatan. Obwohl Jonatan der Sohn eines Königs war und er nur ein Hirtenjunge, sind sie doch gute Freunde geworden. Jonatan schenkte ihm als Zeichen seiner Freundschaft sogar seine Rüstung und seinen Bogen!

David und Jonatan schworen sich ewige Freundschaft. Gott war ihr Zeuge. David versprach, Jonatan nie zu vergessen. Er wollte für ihn und seine Familie sorgen, falls Jonatan einmal in Not geraten würde.

Inzwischen sind einige Jahre vergangen. David ist selbst König geworden und wohnt in Jerusalem in einem Palast. Er denkt immer wieder an seinen Freund Jonatan und an sein Versprechen: Ich will dich nicht vergessen und für deine Familie sorgen.

Jonatan selbst ist ja leider schon gestorben. Aber es wird Zeit, das Versprechen zu erfüllen. Im ganzen Land lässt David nach der Familie Jonatans suchen. In einem kleinen Dorf finden die Boten tatsächlich Jonatans Sohn. Er ist gelähmt. Und er hat selbst einen kleinen Sohn. Voller Freude lässt David die beiden in seinen Palast kommen. Er sorgt für sie. Manchmal erzählen sie einander von Jonatan, den sie alle so lieb gehabt haben und den sie nicht vergessen können. Dann haben sie das Gefühl, er wäre bei ihnen.

So hat David sein Versprechen erfüllt und die Freundschaft mit Jonatan geht in seinem Sohn und seinem Enkel weiter. Darüber freuen sich alle und danken Gott für diese Freundschaft.

UTE BIEDENBACH
NACH 2 SAMUEL 1 UND 9; 1 SAMUEL 18–23

TRAUERRITEN IN DER BIBEL

Das Alte Testament kennt viele Trauerriten, die Menschen damals bei der Bewältigung ihrer Trauer geholfen haben: Klagepsalmen, Zerreißen der Kleidung, Trauerfasten, Trauerbrot und Trostbecher miteinander teilen. Einige davon finden sich in den Berichten über Davids Trauer um Jonatan wieder. Kinder können den Weg von der Trauer über die Erinnerung zur Hoffnung anhand der Erzählung von David mitgehen und so ermutigt werden, eigene Möglichkeiten der Trauerbewältigung zu finden.

Trauergedenktage

Allerheiligen, Allerseelen und Ewigkeitssonntag

Am 1. November feiern die katholischen Christen Allerheiligen: ein Fest zu Ehren aller Heiligen, die nicht offiziell heiliggesprochen sind. Damit erinnert es daran, dass alle Christen zur Heiligkeit berufen sind (1 Petrus 1,16).

Alles wird heil im Schutz der Lichterfrau (z.B. Frau Holle, Lucia), so die Vorstellung in vorchristlicher Zeit. Man brachte den toten Ahnen Speisen und aß selbst davon. Viele christliche Bräuche wurzeln in dieser sehr alten Tradition.

Auf Allerheiligen folgt am 2. November Allerseelen, der katholische Gedenktag für alle Verstorbenen. Da Allerheiligen in den meisten Bundesländern ein Feiertag ist, wird meist der 1. November genutzt, um zum Gedenken an die Verstorbenen den Friedhof zu besuchen. Die Gräber werden für den Winter geschmückt und Grablichter werden aufgestellt. In einigen Gegenden findet man noch den Brauch, Mandalas aus Herbstblumen und Früchten auf Gräber zu legen.

Die evangelischen Christen gedenken am letzten Sonntag des Kirchenjahres Ende November, dem Ewigkeits- bzw. Totensonntag, der Toten. Auch dieser Tag wird von vielen Christen für einen Friedhofsbesuch und das Schmücken der Gräber genutzt.

EIN MANDALA FÜR DAS GRAB

Das wird gebraucht:
Herbstblüten, Früchte, Herbstblätter, Kastanien, Zapfen, Hagebutten usw., evtl. ein großer, alter Teller (in der Vorweihnachtszeit gibt es Teller aus Metall preiswert zu kaufen)

So wird es gemacht:
Die Kinder planen das Mandala gemeinsam. Es kann entweder direkt auf das Grab gelegt werden oder auf einen Teller, der dann auf das Grab gestellt wird.

Irisches Grabgedicht

Steh nicht am Grab mit verweintem Gesicht,
ich bin nicht da – ich schlafe nicht.
Ich bin im Wind, der weht über die See,
ich bin im Glitzern, im weißen Schnee.
Ich bin in den Samen, die noch fad und grau,
ich bin in den Farben der Blumen von Orange bis Blau.
Ich bin die Sonne auf reifender Saat,
ich bin im Herbst in der goldenen Mahd.
Wenn du erwachst im Morgenschein,
werd ich immerdar um dich sein.
Bin im Kreisen der Vögel am Himmelszelt,
ich bin der Stern, der die Welt erhellt.
Steh nicht am Grab in verzweifelter Not,
ich bin nicht da – ich bin nicht tot.

VERFASSER UNBEKANNT

Gott,

du bist wie ein Vater und eine Mutter. Heute bin ich (sind wir) sehr traurig.
.... fehlt mir (uns) so sehr. Gott, es tut so weh. Bitte hilf mir (uns)! Amen.

Allerheiligen-Striezel

In manchen Gegenden gehört ein besonderes Gebäck zum Allerheiligentag: der Allerheiligen-Striezel. Die drei Zopfteile symbolisieren Entstehen, Reife und Tod. Der Striezel zeigt, wie Leben, Vergänglichkeit, Abschied und Neubeginn miteinander verflochten sind. Er erinnert an die Bedeutung des Abendmahlbrotes. Der Striezel war zu Allerheiligen auch ein Geschenk für Patenkinder, da er ebenso Segen und Kraft symbolisierte.

Das wird gebraucht:

500 g Mehl, 30 g Hefe, 60 g Zucker, ¼ l lauwarme Milch, 60 g Butter, 1 Ei, 1 Prise Salz

So wird es gemacht:

Einen Vorteig aus Mehl, Zucker, Hefe und etwas Milch herstellen. 15 Minuten gehen lassen. Die restlichen Zutaten gut unterkneten. Den Teig schlagen, bis er Blasen wirft und sich vom Schüsselrand löst, dann nochmals 15 Minuten gehen lassen. Drei Rollen formen und daraus einen Zopf flechten. Den Backofen vorheizen und den Striezel bei 180 Grad ca. 35 Minuten backen.

Tipp:

Den Striezel gemeinsam am schön gedeckten Tisch essen und dabei der Verstorbenen gedenken. Der Tisch wird mit Naturmaterialien und Kerzen geschmückt und nach Wunsch mit Erinnerungsstücken an die Verstorbenen. Früher wurde auch ein Teller für den Verstorbenen gedeckt, um an ihn zu denken.

Kreuze basteln

Das Kreuz ist das Symbol der Christen. Es erinnert daran, dass Jesus am Kreuz gestorben und vom Tod auferstanden ist. Neben Kerzen und Blumengestecken können auch Kreuze ein schöner Grabschmuck sein.

Ein Kreuz lässt sich aus vielen Materialien herstellen:

- ✔ Aus Modelliermasse (z. B. Fimo) formen und im Ofen brennen.
- ✔ Kreuzform aus festem Draht biegen und farbige Perlen aufziehen.
- ✔ Aus Ton formen und bunte Glassteine zur Verzierung eindrücken. Trocknen lassen.
- ✔ Auf einem Spaziergang kleine, gerade Äste sammeln und diese mit Bindfaden zu Kreuzen binden.

ANREGUNG

Zu Allerheiligen/Allerseelen oder zum Todestag des/der Verstorbenen kann die Trauernische (s. Seite 45) neu geschmückt werden, ebenso eignen sich die Vorschläge „Begegnung mit dem Tod" (s. Seite 38) zur Gestaltung solcher Tage. Die Kinder stellen selbst Kränze oder Grabgestecke (s. Seite 56), Grablichter oder Laternen her.

Oma ist gut aufgehoben bei Gott

Das war kurz vor Ostern, als mein Vater eines Abends nach Hause kam und erzählte: „Heute Nachmittag ist Oma ganz friedlich eingeschlafen."

Und dabei guckte er so traurig, dass ich gleich wusste: Die Oma wacht nicht mehr auf, Oma ist gestorben.

Oma, also die Mutter von meinem Papa, war schon länger krank. Sie lebte allein, meinen Opa habe ich gar nicht mehr kennengelernt. Ich weiß aber viel von ihm, Oma hat mir oft Bilder gezeigt und von ihm erzählt. Überhaupt, ich war oft bei Oma, das war immer sehr schön mit ihr, sie hat viel Zeit für mich gehabt.

An dem Abend habe ich viel geweint. Papa und Mama hatten in den nächsten Tagen viel zu tun. Mama hatte einen Mann angerufen, der sich gut auskannte. Er hat Papa und Mama viel geholfen. Ein Sarg wurde ausgesucht, viele Briefe wurden geschrieben. Zum Glück hatte Oma eine Liste gemacht für alle, die eine Nachricht bekommen sollten, wenn sie mal starb.

Am Tag vor der Beerdigung kam der Pastor. Ich weiß auch nicht mehr, aber irgendwann ging ich ins Wohnzimmer und fragte: „Wo ist Oma jetzt?" – „Deine Oma ist jetzt bei Gott, da ist sie gut aufgehoben", hat der Pastor gesagt. Komische Sätze sagen die Erwachsenen manchmal!

Am Nachmittag sind wir zum Friedhof gefahren. Da war Oma in einer Halle in ihrem Sarg aufgebahrt. Sie hatte ihr Lieblingskleid an. Und es sah wirklich aus, als ob sie ganz friedlich schlief. Mama hat mir erklärt, dass Oma in diesem Sarg neben Opa auf dem Friedhof beerdigt wird. Wir haben sie dann noch ein letztes Mal angeschaut und wir haben alle geweint. Wir hatten Oma alle so lieb!

Abends kamen Papa und Mama beide an mein Bett. „Wo ist Oma bloß jetzt?", habe ich wieder gefragt. Irgendwie war mir ja klar, dass sie da in dem Sarg lag, aber irgendwie war sie auch nicht mehr da. Papa und Mama haben sich angeschaut und dann hat Papa gesagt: „Ich glaube, dass Gott größer ist als das, was wir sehen. Und da, wo Oma jetzt ist, mit allem, was wir so lieb haben an ihr, da können wir nicht hin. Aber Gott ist da und behütet sie."

Am nächsten Morgen war dann die Beerdigungsfeier in der Trauerhalle vom Friedhof. Vorn, zwischen großen Kerzenleuchtern, stand der Sarg von Oma mit vielen schönen Blumen darauf. Papa und Mama setzten sich zu der Schwester von Papa und ihrer Familie in die erste Reihe. Ich erinnere mich an die Orgel und an das, was der Pastor von Oma erzählt hat. Er hat dann auch wieder gesagt, dass sie bei Gott gut aufgehoben ist. Und er hat von Jesus erzählt. „Jesus ist gestorben, aber er ist wieder lebendig geworden, weil Gott allen Menschen zeigen wollte, dass er stärker ist als der Tod. Jesus kennt Gottes Haus und Jesus war auch in den Räumen, wo die Lebenden nicht hin können, aber Gott ist auch bei den Gestorbenen."

„Lieber Gott, pass gut auf Oma auf, sie war immer so lieb zu mir", habe ich da geflüstert und dann habe ich geweint.

Später sind wir hinter dem Sarg zum Grab gegangen, erst die Familie und dann all die anderen, die Oma gut gekannt haben.

Beim Grab von Opa war eine große Grube ausgehoben, da passte der Sarg von Oma genau hinein. Nachdem der Pastor einen Segen gesprochen hatte, gingen alle am Grab vorbei und haben etwas Erde oder Blumen auf den Sarg geworfen. Als ich gerade eine Rose hineingeworfen hatte, da geschah es: Über dem Grab saß auf einem Zweig ein Vogel und der fing auf einmal wunderschön zu singen an.

In dem Moment habe ich ganz fest geglaubt: „Oma, du bist da unten im Sarg, aber irgendwie bist du auch bei Gott. So, als wenn er sie selbst zu sich geholt hat, gut aufgehoben eben." Nun ist ein Jahr vergangen. Das Grab von Oma ist schön geschmückt und die Vögel singen vom Leben. Und ich denke an all die schönen Sachen, die ich mit Oma gemacht habe.

Ein Friedhofsbesuch

Mit etwas älteren Kindern bietet sich ein Friedhofsbesuch an, der den Blick auf die Gräber und Grabsteine lenkt. Folgender Text kann die Kinder darauf vorbereiten:

Wir wollen dich einladen, mit offenen Augen über euren Friedhof zu gehen. Dazu haben wir dir ein paar Fragen und Aufgaben aufgeschrieben. Die Suche nach den Antworten ist ein bisschen so, wie einen roten Faden aufwickeln. Am besten ist es, wenn du dich mit ein paar anderen zusammentust. Achtet darauf, dass ihr euch angemessen benehmt. Das heißt: auf jeden Fall nicht rumschreien und rumrennen. Denn ihr wisst ja, dass Menschen auch auf den Friedhof kommen, um in Ruhe an die Verstorbenen zu denken.

1. Grabsteine sehen nicht immer gleich aus. Manchmal sind es auch gar keine „Steine“. Welche Formen findest du noch auf eurem Friedhof?
2. Was ist auf jedem Grabstein zu lesen?
3. Manchmal steht da aber noch mehr: Ein Spruch, ein Bibelvers … Was kannst du finden?
4. Manchmal sind auf einem Grabstein auch Bilder und Symbole. Welche findest du? Was meinst du, was sie bedeuten?
5. Auch auf unserem Friedhof gibt es Gräber von Kindern. Das jüngste Kind ist nur ………… Monate/Jahre alt geworden.
   Wieso sehen Kindergräber anders aus als die von Erwachsenen? Was meinst du?
6. Wie hast du deinen Besuch auf dem Friedhof erlebt? Wie ging es dir dabei? Kreuze an und schreibe selber auf:

✔ Es war sehr ruhig, das hat mir gefallen.
✔ Dass es so ruhig war, hat mir nicht gefallen.
✔ Ich hatte ein komisches Gefühl.
✔ Es war für mich selbstverständlich, nicht rumzuschreien
✔ Ich fand es schön.
✔ Ich fühlte mich unsicher.
✔ Ich war etwas ängstlich.
✔ Ich war froh, dass ich nicht alleine war.

Was hast du auf dem Friedhof sonst noch entdeckt, erlebt, gesehen?

KARIN RIEDEL

Du, Gott, kannst helfen

Ich hebe meine Blicke vom Boden, ich sehe die Gipfel der Berge.

Ich suche Hilfe, o Herr. Du, Herr, wirst mir helfen.
Du hast den Himmel gemacht und die Erde. Du, Herr, machst fest meine Schritte.
Du wachst über mich alle Tage meines Lebens.

Gott ist mein Herr. Gott ist an meiner Seite. Sonne wird mich nicht brennen,
Nacht wird mich nicht schrecken, Not wird mich nicht zwingen. Der Herr geht dicht neben mir,
heute und morgen und immer.

WILLI FÄHRMANN NACH PSALM 121

Mit Märchen trauern

Volksmärchen – Kindern eine Sprache geben

Neben Handlungen brauchen trauernde Kinder Erzählungen und Bilder, die ihnen bestätigen, dass es auch anderen so ergeht, die Möglichkeiten und Vorbilder zeigen, Informationen geben. Bücher und Geschichten sind ein Fenster zur Welt und zu sich selbst.

Märchen bieten die Möglichkeit, eigene Fantasien und Gedanken zu entwickeln, aufzugreifen und weiterzuführen. Sie verbinden Bewusstes und Unbewusstes und fördern die Entfaltung der Persönlichkeit. Dabei bieten sie durch ihr Wesen dem Hörenden einen Schutzraum, in dem er sich langsam seiner persönlichen Thematik stellen kann und nicht überfordert wird. Märchen selbst lösen keine Ängste aus, sondern machen innere, verborgene Ängste bewusst. Sie lassen nur das zu, was der Betreffende jetzt gerade auch wirklich bearbeiten kann.

Symbolisch erzählen Märchen, welche Krisen, welche Kämpfe wir überstehen müssen, um uns selbst zu finden. Volksmärchen sind getragen von der Hoffnung und versprechen, dass am Ende alles gut wird. In Hänsel und Gretel wird symbolisch von den inneren Kämpfen berichtet, die mit der Loslösung von Bezugspersonen verbunden sind, von der Angst, neue Wege selbstständig zu gehen. Der erste Tag allein im Kindergarten kann für ein Kind wie ein fremder, unüberschaubarer, großer Wald sein. In Dornröschen hören wir von den Wandlungskräften des Lebens, von Geburt und Tod und einer Prinzessin, die erwacht und erkennt. Autonom werden ist verbunden mit Krisen, die bestanden werden müssen, dies ist das zentrale Thema fast aller Urmärchen. Autonomie ist auch Thema der Trauerarbeit. Kinder haben entwicklungsbedingte Ängste und andere Gefühle, die sie nicht in Worte fassen können, aber in Bilder. Durch Märchen können sie ihre Gefühle in fremde Gestalten verkleiden, sie ausdrücken und verarbeiten.

Märchenkreis

Das wird gebraucht:
meditative Musik, Kerze, Streichhölzer, Gegenstände bekannter Märchen

Die Kinder versammeln sich bei leiser meditativer Musik im Kreis. In der Kreismitte brennt eine Kerze. Um die brennende Kerze herum werden nun die Gegenstände bekannter Märchen gelegt. Alle sind still, betrachten den „Märchenkreis", lassen die Gegenstände auf sich wirken. Dann wird jedes Kind einzeln gebeten, den Kreis zu betreten und sich einen Gegenstand auszuwählen. Mit diesem Gegenstand kehrt es leise zu seinem Platz zurück. Wenn alle Kinder einen Gegenstand ausgewählt haben, darf jede/-r, die/der möchte, etwas zum gewählten Gegenstand sagen.

ANREGUNGEN

✔ Der Ort, an dem das Märchen erzählt wird, sollte besonders schön und gemütlich gestaltet werden. Viele Kinder suchen beim Zuhören Körperkontakt oder liegen in der Kuschelecke.

✔ Beim Vorlesen sollte Blickkontakt zu den Kindern gehalten werden.

✔ Die Stimme des Vorlesers sollte ruhig und eher monoton sein.

✔ Märchen sollten nicht gekürzt oder verändert werden. Bei mehrmaligem Vorlesen sollte immer genau derselbe Text gelesen werden.

Dornröschen

Ein König und eine Königin kriegten gar keine Kinder. Eines Tages war die Königin im Bad, da kroch ein Krebs aus dem Wasser ans Land und sprach: „Du wirst bald eine Tochter bekommen."

Und so geschah es auch und der König in der Freude hielt ein großes Fest und im Lande waren dreizehn Feen, er hatte aber nur zwölf goldene Teller und konnte also die dreizehnte Fee nicht einladen. Die Feen bedachten das Kind mit allen Tugenden und Schönheiten. Wie nun das Fest zu Ende ging, so kam die dreizehnte Fee und sprach: „Ihr habt mich nicht gebeten und ich verkünde euch, dass eure Tochter in ihrem fünfzehnten Lebensjahr sich an einer Spindel in den Finger stechen und daran sterben wird." Die anderen Feen wollten dies so gut machen, als sie nur konnten, und sagten, sie solle nur hundert Jahre in Schlaf fallen.

Der König ließ aber den Befehl ausgeben, dass alle Spindeln im ganzen Reich abgeschafft werden sollten, welches geschah, und als die Königstochter nun fünfzehnjährig war und eines Tages die Eltern ausgegangen waren, so ging sie im Schloss herum und gelangte endlich an einen alten Turm. In den Turm führte eine Treppe, da kam sie zu einer kleinen Tür, worin ein gelber Schlüssel steckte, den drehte sie um und kam in ein Stübchen, worin eine alte Frau ihren Flachs spann. Und sie scherzte mit der Frau und wollte auch spinnen. Da stach sie sich an der Spindel und fiel alsbald in einen tiefen Schlaf. Da auch in dem Augenblick der König und der Hofstaat zurückgekommen war, so fing alles im Schloss an zu schlafen, bis auf die Fliegen an den Wänden. Und um das

ganze Schloss zog sich eine Dornenhecke, dass man nichts davon sah.

Nach langer Zeit kam ein Königssohn in das Land, dem erzählte ein alter Mann die Geschichte, die er sich erinnerte, von seinem Großvater gehört zu haben, und dass schon viele versucht hätten, durch die Dornen zu gehen, aber alle hängen geblieben wären. Als sich dieser Prinz der Dornenhecke näherte, so taten sich alle Dornen vor ihm auf und vor ihm schienen sie Blumen zu sein und hinter ihm wurden sie wieder Dornen. Wie er nun in das Schloss kam, küsste er die schlafende Prinzessin und alles erwachte von dem Schlaf und die zwei heirateten sich, und wenn sie nicht gestorben sind, so leben sie noch heute.

NACH DEN BRÜDERN GRIMM

Feencreme

Alle werden diesen Nachtisch vom großen Festmahl zu Dornröschens Geburt lieben.

Das wird gebraucht:

1 unbehandelte kleine Zitrone, 75 g Zucker, 2 P. Vanillinzucker, 1 P. Sahnepuddingpulver, 300 g Magerquark, 200 g Sahne, weiße Schokoraspel

So wird es gemacht:

Geriebene Zitronenschale, Zitronensaft, Zucker, Vanillinzucker und Puddingpulver mit dem Joghurt verrühren. Die Masse unter ständigem Rühren aufkochen und auch unter Rühren abkühlen lassen. Steifgeschlagene Sahne unter den abgekühlten Joghurt mischen und zwei Stunden kalt stellen, mit weißen Schokoraspeln garnieren.

Fäden machen Spuren

Das wird gebraucht:
verschiedene Schnüre und Fäden in unterschiedlichen Längen

✔ Die Kinder legen verschiedene Formen mit den Schnüren und laufen barfuß darüber.
✔ Die Kinder legen zwischen zwei Punkten im Raum einen Weg, eine Verbindung.
✔ Die Kinder legen ein großes Labyrinth, das sie begehen. In der Mitte brennt eine Kerze.
✔ Wer möchte mit verschlossenen Augen dem Faden folgen, den Weg mit den Füßen ertasten?
✔ Spinnennetz: Die Kinder sitzen im Kreis. Ein Kind wirft ein Wollknäuel zu einem anderen Kind im Kreis, dieses wirft das Knäuel wiederum weiter. So entsteht ein Netz.
✔ Ritual: Während die Kinder die Übung „Spinnennetz" machen, kann jedes Kind etwas sagen, bevor es das Knäuel wirft. So kann das „Bild" (das Muster) einer Trauergemeinschaft entstehen.

Bäumchen, rüttle dich – mein Wunsch- oder Wunderbaum

Das wird gebraucht:
je nach Wunsch eine Baumform als Grundlage aus Tonmasse oder Salzteig, ausgesägte Bäume aus Spannplatten oder ein Baum aus Plakatkarton, Schere, Klebstoff, Goldpapier, Pailletten, Perlen, Glitter, Stoffreste, Naturmaterialien

So wird es gemacht:
Die Kinder hören das Märchen von Aschenputtel und gestalten danach ihren Wunsch- oder Märchenbaum. Dazu die Grundlage mit verschiedenen Materialien bekleben.

Tipps:

- ✔ Der Wunschbaum kann als Grabbeigabe oder Trauerpost verwendet werden oder in der Trauernische einen Platz finden.
- ✔ Zum Wunschbaum kann auch eine Zimmerpflanze, ein Zweig in einem Blumentopf oder ein Baum im Freien werden. Die Kinder schreiben und malen Wünsche auf Zettel, die dann an den Baum gehängt werden. Die Zettel können eine bestimmte Form haben, z. B. als Herz oder Stern geschnitten werden.
- ✔ Auf diese Weise kann auch ein Gedenkbaum an eine verstorbene Person gestaltet werden.

DER LEBENSFADEN

Das wird gebraucht:
ungesponnene Wolle, Seifenlauge, einfache Handspindel, das Märchen von Dornröschen

So wird es gemacht:
Die Kinder hören das Märchen von Dornröschen. Anschließend versuchen sie, durch Filzen oder mit der Handspindel einen Faden herzustellen. Hier geht es vor allem um die Erfahrung, wie aufwändig es ist, einen Faden herzustellen.

Wunschbaum

Die Kinder sitzen im Kreis, in der Mitte liegen Seidentücher und der Wunschbaum. Es brennen Kerzen. Wer etwas über seine Wünsche und Gefühle sagen möchte, holt sich den Wunschbaum aus der Mitte und spricht, z. B.: „Ich wünschte, mein Opa wäre noch bei mir." Oder: „Ich wünsche mir, dass Opa ganz nah bei Gott ist."

Gott,

.... ist tot. Das ist sehr schlimm für uns.
Bitte bleib bei ...... und auch bei uns.
Vielleicht kannst du uns ganz viel Kraft schicken. Bitte hilf uns! Amen.

Märchentruhe

Es wird eine Verkleidungskiste zusammengestellt, deren Inhalt es den Kindern ermöglicht, in die Rolle verschiedener Märchenfiguren zu schlüpfen. Die Kiste könnte z.B. folgende Dinge enthalten: Stoffe, Kleidung, Schuhe, Hüte, Schminkfarben und Spiegel.

FÜHLKISTE

Auch eine Fühlkiste ist eine Möglichkeit, sich mit Märchen auseinanderzusetzen. Dafür füllt man eine Kiste mit Gegenständen, die in Märchen vorkommen, z. B. Krone, Ring, Schlüssel, Schuh, Apfel, Stern, (Stoff-)Blume, Handspindel.

Zaubertrank

Das wird gebraucht:
Fruchtsäfte, Früchtetee, evtl. Honig

So wird es gemacht:
Den Früchtetee zubereiten, die Fruchtsäfte erwärmen und mit dem Tee mischen. Nach Geschmack mit Honig süßen.

Das „Böse" im Märchen

IM ZAUBERWALD

Die Kinder bewegen sich durch den Raum. Auf ein akustisches oder optisches Signal hin nehmen sie die Form/Haltung einer Märchenfigur oder eines Märchenmotivs ein und halten dies bis zum nächsten Signal. Eine solche Übung lässt die Kinder den Wechsel von Bewegung und Ruhe erfahren, schult die Wahrnehmung des eigenen Körpers und regt die Fantasie an.

Das Böse und Grausame hat im Märchen eine Bedeutung; in ihm sind sinnvolle Entwicklungsprozesse verborgen. Von Kindheit an haben wir das Bedürfnis, auch dem Grausamen zu begegnen. Das Grausame gehört zur Welt; nur durch die Auseinandersetzung damit können wir es bewältigen. Die Flächenhaftigkeit des Märchens bietet einen Schutzraum, um sich mit dem Grausamen zu beschäftigen. Wenn wir „grausame" Stellen im Märchen ändern, projizieren wir unsere eigenen Ängste auf die Kinder. Deshalb sollten nur die Originaltexte vorgelesen bzw. nacherzählt werden.

Rituale für die täglichen Abschiede

Zum Abschied gehören Schmusen, Kuscheln und der Abschiedskuss. Fällt der Abschied am Morgen schwer, können Zettel an einen Wunschbaum gehängt werden. Je nach Entwicklung malt oder schreibt das Kind einen Wunsch auf den Zettel und hängt ihn an den Baum, z.B.: „Wenn wir wieder zu Hause sind, lesen wir gemeinsam ein Bilderbuch." Neben dem Abschiedsschmerz hat das Kind etwas, worauf es sich freuen kann.

Als Wunschbaum dient eine Zimmerpflanze oder ein Ast aus dem Wald. Wunschbäume können auch für Weihnachten oder Geburtstage aufgestellt werden. Manche Wünsche gehen schnell in Erfüllung, andere brauchen Zeit. (Aschenputtel hatte auch einen Wunschbaum.) Der alltägliche Umgang mit Abschieden hat eine bedeutende Auswirkung auf die gesamte Persönlichkeitsentwicklung des Kindes und stärkt es für mögliche Trauerprozesse.

GESTÄRKT AUS DER TRAUER HERVORGEHEN

Wer erleben durfte, dass er oder sie traurige, bedrohliche Situationen aushalten, durchstehen, Ausdruck dafür finden und verarbeiten kann, wird dem Gefühlschaos der Trauer nicht hilflos ausgeliefert sein. In der Trauergemeinschaft erfahren Kinder die Berechtigung ihrer Gefühle, werden in Rituale und Handlungen eingebunden, erleben Trost und die Bestätigung, dass auch sie trösten können. Gelebte Trauer ist auch ein Prozess der Gesundung, der Selbstwerdung und Stärkung.

Vorschlag für einen Familiengottesdienst

Abschied nehmen

Zum Thema

Der Totensonntag liegt in der dunklen Zeit des Jahres. Dieser Tag ist besonders wichtig für alle, die einen lieben Menschen verloren haben und an diesem Tag zum Grab gehen. Kann er mit Familien gefeiert und bedacht werden?

Wir meinen, dass es ganz besonders kostbar ist, mit Kindern und Erwachsenen über Tod und Leben, über Werden und Vergehen nachzudenken. Weil Christus den Tod besiegt hat, ist er nicht das Ende, sondern das Tor zu neuem Leben, das ganz anders sein wird. Das Leben zu lieben und den Tod als Beginn des Lebens bei Gott zu sehen, dazu soll dieser Gottesdienst einladen.

Religionspädagogische Überlegungen

Werden und Vergehen ist ein Lebensthema. Das Kind muss sich in seiner Entwicklung damit auseinandersetzen, sonst entstehen Allmachts- und Unendlichkeitsfantasien, die dem Leben nicht entsprechen. Das Nachdenken über „nichts ist unendlich" beginnt schon früh. Etwa ab dem 3. Lebensjahr erlebt das Kind die sogenannte „Objektkonstanz", d. h., das Fehlen einer Person wird schmerzlich erfahren. Das Kind lernt in dieser Zeit auch, belebt und unbelebt zu unterscheiden. Das Zeitverständnis „heute/gestern/morgen" beginnt.

Das Schulkind lernt dann den Tod logisch und biologisch einzuordnen. Stirbt z. B. ein Haustier oder geht ein lieber Mensch, so wird dies sehr schmerzvoll erfahren. Was gibt Trost und Hoffnung bei Verlust?

Was nimmt die Angst, auch die Angst vor dem eigenen Tod? Zum einen haben die Bilder der Natur einen Hoffnungsaspekt. Sie zeigen, dass das Leben weitergeht. Im Herbst fallen die Blätter, viele Pflanzen sterben ab. Aber tief in der Erde geschieht etwas, ein neues Leben wächst heran.

Auch die christliche Hoffnung lebt vom Bild des Vergehens und Neuwerdens. Was tot ist, wird in die Erde gelegt, aber wie bei einem Samenkorn oder einer Zwiebel wird etwas wachsen und neu werden. Wir wissen wenig über das Grab hinaus, aber es gilt das großartige Wort: „Siehe, ich mache alles neu“ (Offenbarung 21,5).

Zum Tod gehört das Abschiednehmen. Dies wollen wir in diesem Gottesdienst aufnehmen, weil es für alle Altersstufen gleichermaßen bedeutsam ist. Wer verabschieden kann, kann auch loslassen. Wer Symbole hat, kann Trost erfahren. Wer hofft, kann sich dem Leben wieder zuwenden. Wir wählen den grünen Tannenkranz als Lebenssymbol, denn am Totensonntag werden die Gräber geschmückt. Dieses Symbol will uns helfen, den Zusammenhang zwischen Tod und Leben neu zu verstehen.

Materialliste

Zur Einstimmung

Pflanzerde wird in schwarze Tücher verpackt. Zum Beispiel könnte die Erde in kleine Plastiktüten gefüllt und mit einem schwarzen Tuch umhüllt werden, das mit einer Schnur zugeknotet ist. Damit das Befühlen durch die Gottesdienstteilnehmer nicht zu lange dauert, könnte man für jede Bank- oder Stuhlreihe ein solches Päckchen vorbereiten.

Zur Vorbereitung des Bodenbildes

Außerdem muss man sich ebenfalls frühzeitig (vor der Getreideernte) einen Bund Ähren besorgen.

Vor dem Altar wird eine Plastikfolie ausgebreitet. Darüber wird ein braunes Tuch gelegt, in dem weitere Pflanzerde eingepackt wird. Am Beginn des Gottesdienstes liegt also dieses Paket mit Erde vor dem Altar.

Für die Ausgestaltung des Bodenbildes

Es sollten bereits Wochen vorher in Körben Materialien aus der Natur gesammelt werden: Herbstblätter, Blüten, leere Schneckenhäuser, Kastanien, Nüsse, Federn … Diese werden in Körbchen bereitgestellt. Das Material soll für die Kinder und für alle Gottesdienstbesucher reichen.

Für die Vollendung des Bodenbildes (nach der Kommunion)

✔ Mehrere schwarze und gelbe Tücher
✔ Grüne Tannenzweige
✔ (Oster-)Kerze

Für die musikalische Gestaltung während der Prozession

✔ CD-Player
✔ CD mit einer Aufnahme des Liedes „Let it be“ von den Beatles

Bausteine zum Gottesdienst

Lied

z. B. „Wir sind hier zusammen“

Begrüßung und Einführung

In einem großen braunen Tuch, das vor dem Altar liegt, ist Pflanzerde eingewickelt. Die Kinder kommen nach vorne und befühlen das Tuch. – Weitere Tücher mit Erde liegen verteilt in jeder Bankreihe. Sie sind oben zusammengebunden, damit keine Erde herausfällt. Die Erwachsenen werden eingeladen, das Päckchen jeweils durch die Reihen zu geben und den Inhalt zu ertasten.

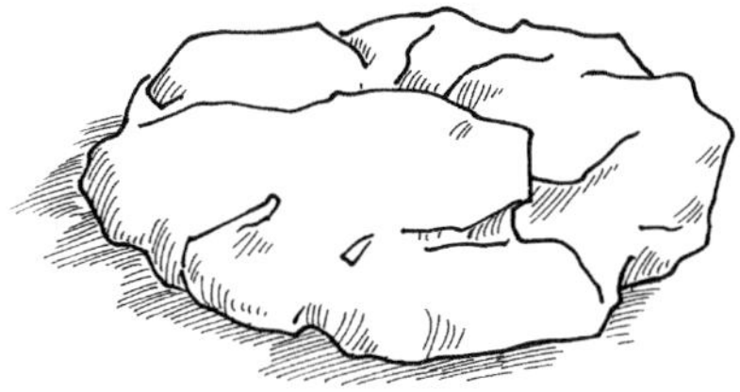

In unserer Mitte liegt ein braunes Tuch. Darunter ist etwas verborgen. Die Kinder kommen jetzt nach vorne und ertasten, was unter dem Tuch ist. Sie sagen uns, was sie fühlen, was sie spüren, und erzählen nachher, was unter dem Tuch verborgen sein könnte. Aber zunächst wird nichts verraten und das Tuch nicht aufgemacht.

Auch die Erwachsenen sind eingeladen: Unter jeder Bank befindet sich ebenfalls ein solches geheimnisvolles Päckchen. Nehmen Sie es hoch, fühlen Sie und reichen es dann weiter. Aber – nochmals – nichts verraten.

(Die Kinder ertasten der Reihe nach die Erde.)

Was spürt ihr? Wie fühlt sich das an? Was könnte das sein?

(Tuch aufdecken.)

Wozu braucht man Erde? – Was ist in der Erde?

(Die Kinder erzählen.)

Im Herbst fallen Blätter – und was passiert im Winter mit ihnen? – Die Blätter werden wieder zu Erde und geben anderen Pflanzen Nahrung.

(Die Kinder gehen wieder zu ihren Plätzen zurück.)

Kyrierufe

Herr Jesus Christus, auch unser Leben ist ein Werden und Vergehen,
ein Wachsen und Reifen, ein Blühen und Welken.

Herr, erbarme dich.

Du selbst hast unter uns gelebt. Bist gestorben und begraben worden.

Christus, erbarme dich.

Du bist aber nicht im Dunkel der Erde geblieben,
sondern in ein neues Leben hinübergegangen.

Herr, erbarme dich.

Gloria

Gebet

Gott, unser Vater.
Du bist der Schöpfer aller Dinge.
Du schenkst Leben den Pflanzen, Tieren und Menschen.
Du lässt alles wachsen und gedeihen.
Du hast allem auch eine Zeit gesetzt.
Deshalb gibt es Säen und Ernten, Reifen und Vergehen,
Helles und Dunkles, Freude und Trauer.

Lass uns dich hinter allem erkennen,
was ist und was uns geschieht.
Wir wollen dir vertrauen, dass du es gut mit uns
und deiner Schöpfung meinst,
auch wenn wir sehen, wie vergänglich alles ist.
Stärke unseren Glauben, darum bitten wir dich
durch Christus, unsern Herrn.

Lesung

Ausschnitte aus Psalm 104

Lied

z. B. „Mit der Erde kannst du spielen"

Fortführung des Bodenbildes

(Mit den Kindern wird das Bodenbild weiter aufgebaut. Sie kommen deshalb wieder nach vorne. Verschiedene Gegenstände aus der Natur werden in Körben herumgereicht: Blüten, bunte Herbstblätter, Kastanien, Nüsse, Federn, Schneckenhäuser …).

Die Erde, unsere Welt, ist schön. Wir wollen die Schönheit unserer Erde miteinander erfahren. Wir haben deshalb verschiedene Gegenstände hier, die mit der Erde zu tun haben.

(Die Kinder wählen sich etwas aus. Sie erzählen, was sie sehen und was das mit der Erde zu tun hat.)

Gott hat so viel Schönes geschaffen, dass wir nur staunen können, wie der Psalmbeter. – Trotzdem bleibt nichts, wie es ist.

(Erzählen, wie es mit den Gegenständen weitergeht.)

Blätter fallen und werden braun. – Blumen blühen auf und verwelken. – Pflanzen werden zu Kompost. – Leere Schneckenhäuser: Die Schnecken kriechen tief in die Erde oder sterben. – Die Vögel fliegen fort in ihre Winterquartiere. – Das Samenkorn kann nur in der Erde zu einer neuen Pflanze werden.

Wir müssen von schönen Dingen Abschied nehmen: von den Blumen, vom Sommer, von der Wärme, vom Zwitschern der Vögel; von einem Haustier, das stirbt; von einer Freundin, die wegzieht; oder wenn jemand aus der Familie stirbt. *(Die Kinder in das Aufzählen einbeziehen.)*

Wir müssen Abschied nehmen: Jeder legt deshalb seinen Gegenstand auf unserer Erde ab. Zwei Kinder dürfen die Gegenstände dann begraben …

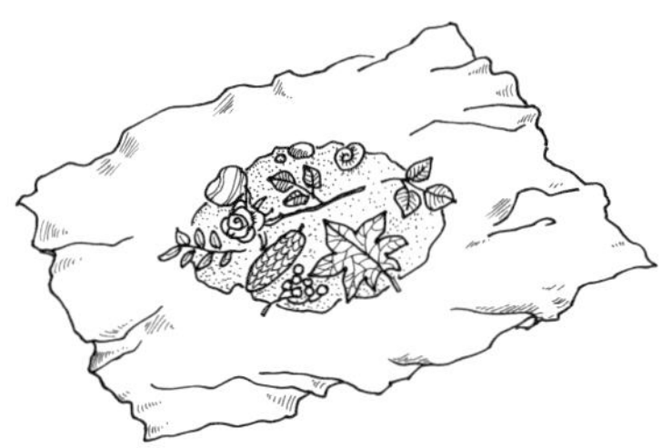

(Die beiden Kinder bedecken die Gegenstände mit Erde. Währenddessen gehen die anderen Kinder mit Körben, in denen noch mehr gesammelte Gegenstände aus der Natur sind, durch die Bankreihen.)

Während Kinder jetzt die Gegenstände, von denen wir Abschied nehmen müssen, begraben, nehmen sich auch die Erwachsenen aus den Körben, die herumgehen, einen Gegenstand, der sie anspricht.

Jeder soll sich Gedanken machen: Wovon muss ich Abschied nehmen? Was betrauere und bedauere ich? Was müsste oder muss ich zu Grabe tragen?

(Kinder gehen in die Bank zurück.)

Die Erwachsenen kommen nun in einer Prozession nach vorne und legen ihre Gegenstände auf der Erde und um die Erde herum ab.

Lied

Instrumentalversion von „Let it be" *(Während der Prozession der Erwachsenen von CD abspielen.)*

Wir decken jetzt das Bild, das vor uns entstanden ist, mit einem schwarzen Tuch zu. Dies ist ein Zeichen, dass wir vieles, was uns lieb geworden ist, was schön ist und uns Freude macht, hergeben, loslassen, begraben müssen. *(Schwarzes Tuch ausbreiten.)*

Aber ist damit alles zu Ende? Das Samenkorn wird in die Erde gelegt, es vergeht, aber nur so kann eine neue Pflanze wachsen. Blumenzwiebeln werden in die Erde gesteckt, dann wächst etwas anderes, Neues daraus.

Wenn jemand stirbt, dann glauben wir, dass nur das Leben hier auf der Erde zu Ende ist. Das Leben bei Gott aber beginnt. Der Tod ist wie eine Tür zu einem neuen, wunderbaren Leben bei Gott. Als Zeichen für diese Hoffnung eines Lebens nach dem Tod lade ich einige Kinder jetzt ein, einen Kranz aus grünen Tannenzweigen um das schwarze Tuch in unserer Mitte zu legen.

(Einige Kinder legen – unter Anleitung – Tannenzweige zum Kranz um den abgedeckten Erdhaufen herum.)

Der Kranz, den wir einem toten Menschen auf das Grab legen, will uns sagen, dass mit dem Tod das Leben nicht vorbei ist. Ein Leben wird im Sterben rund, vollendet, ganz. Es ist ein Begrüßungskranz für das neue Leben bei Gott.

Fürbitten

Herr Jesus Christus, du hast aus Liebe zu uns Menschen den Tod auf dich genommen. Du wurdest wie ein Weizenkorn in die Erde gelegt und begraben. Aber du bist auferstanden. Du lebst bei Gott und du bist mitten unter uns. Wir dürfen dir sagen, was uns bedrängt.

Wir bitten dich für diejenigen unter uns, die in diesem Monat von einem lieben Menschen Abschied nehmen mussten. Tröste die Trauernden. Stärke ihren Glauben an das Leben.
Christus, höre uns.

Alle: Christus, erhöre uns.

Wir bitten dich für die Kinder und Jugendlichen an unseren Schulen, die gewalttätig sind. Lass sie Menschen begegnen, die ihnen andere Möglichkeiten zeigen, Anerkennung und Beachtung zu finden als mit Fäusten und Fußtritten.
Christus, höre uns.

Alle: Christus, erhöre uns.

Wir bitten dich für die Ehepaare und Familien, die von Scheidung und Trennung betroffen sind. Heile die Verwundungen, die entstanden sind. Öffne ihnen neue Lebensmöglichkeiten und schenke ihnen gelingende Beziehungen.
Christus, höre uns.

Alle: Christus, erhöre uns.

Wir bitten dich für Menschen, die mit den Veränderungen in unserer Gesellschaft nicht mehr zurechtkommen. In unserem Leben müssen wir immer wieder Abschied nehmen von Traditionen und Gewohnheiten, die uns lieb geworden sind. Schenke uns allen das Vertrauen, dass du die Zeit und Geschichte in der Hand hältst und zu einem guten Ende führst.
Christus, höre uns.

Alle: Christus, erhöre uns.

Gott, unser Vater, du erhältst deine Schöpfung am Leben und erneuerst sie beständig in der Kraft deines Geistes. Du schenkst auch uns immer wieder Zeichen des Lebens nach Zeiten des Abschieds und der Trauer, in Situationen, wo wir nur Zerstörung und Vergehen sehen. Wir danken dir und preisen dich durch Christus, unsern Herrn.

Alle: Amen.

Gabenbereitung

(Während der Gabenbereitung den Kindern Ähren zeigen. Die Kinder sagen, was man daraus machen kann.)

Was kann man daraus machen? Mehl, Brot.
Die Samen aus der Ähre fallen in die Erde und es werden neue Getreidehalme daraus. – „Wenn das Weizenkorn nicht in die Erde fällt …", sagt Jesus. – Jesus hat sein Leben so verstanden und seinen Tod. – Er schenkt sich uns auch jetzt im Brot.

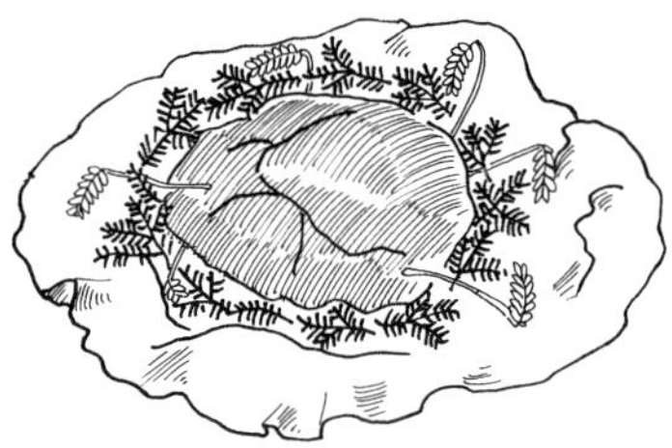

(Mit den Kindern die Ähren in den Kranz aus Tannenzweigen stecken.)

Lied

Zur Gabenbereitung kann z. B. „Schau auf unsere Gaben" gesungen werden.

Sanctus/Hochgebet/Vaterunser

Friedensgruß

z. B. „Schalom chaverim“

Nach der Kommunion

Das Brot ist ausgeteilt. Jesus hat sich jedem von uns geschenkt. Er lebt in uns und unter uns. Wenn er uns sein Leben, das Leben, schenkt, dann leben auch wir über den Tod hinaus. Als Zeichen dieser Hoffnung dürfen die Kinder gelbe Tücher strahlenförmig um unsere Erde herumlegen. Zeichen für die Strahlen der Sonne, für das Licht der Auferstehung und für das neue Leben. Daran soll uns auch unsere (Oster-)Kerze erinnern, die wir jetzt anzünden und zu unserem Bodenbild dazustellen.

Lied

z. B. „Ubi caritas“

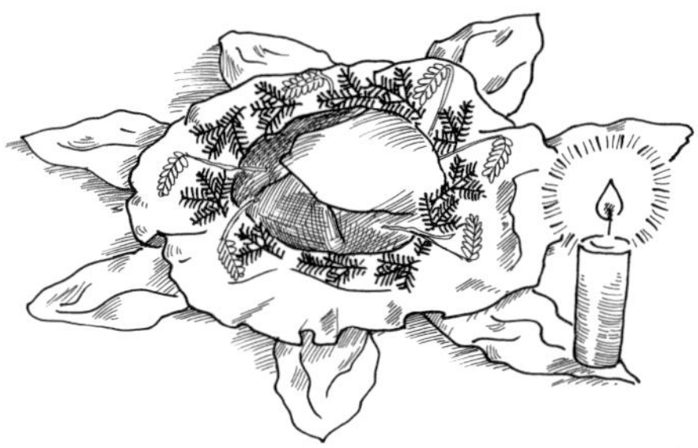

Schlussgebet/Segen

Schlusslied

z. B. „Meine Zeit steht in deinen Händen“

KINDERGOTTESDIENSTTEAM IN ST. ANTONIUS, STUTTGART-HOHENHEIM

Anhang

Kopiervorlage für Trostbüchlein auf Seite 48

Trostbüchlein

von

____

5

Einen Engel wünsch ich dir, der
dich begleitet jeden Tag. Der
dich tröstet,
wenn dir Schweres widerfährt.
Der deine Freude teilt,
wenn du dich des Lebens freust.

Einen Engel wünsch ich dir, der
dich begleitet jeden Tag. Der
dich aufrichtet,
wenn du ganz am Boden bist.
Der dich auf gute Wege leitet,
wenn du dich ganz verrannt hast.

Einen Engel wünsch ich dir, der
dich begleitet jeden Tag. Der dir
mal still und manchmal auch
ganz deutlich zeigt: Mitten unter
uns wohnt Gott.

Ulrich Walter,

6

7

3

So kann ich andere trösten, die traurig sind

2

Das hilft mir, wenn ich traurig bin ...

Mein Lieblingsvers
aus einem Psalm

Quellenverzeichnis

Texte: S. 6f., 18, 39: aus: Gute Nachricht Bibel, durchgesehene Neuausgabe, © 2018 Deutsche Bibelgesellschaft, Stuttgart; S. 7: Lisbeth Reuss, Ausgewählte Gebete in der Trauertasche aus dem Verlag Junge Gemeinde, Leinfelden-Echterdingen; S. 10: Georg Schwikart, aus: Franz Menke, Gottes Haus hat viele Türen. Werkbuch Weltreligionen für Kindergarten und Grundschule. © 2002 Lahn-Verlag in der Butzon & Bercker GmbH, Kevelaer, www.lahn-verlag.de, S. 90; S. 11: Franz Kett, aus: Religionspädagogische Praxis 2/1978, S. 46. © RPA-Verlag, www.rpa-verlag.de; S. 11: Helga Striebel, aus: Evangelische Kinderkirche. Zeitschrift für Mitarbeiterinnen und Mitarbeiter im Kindergottesdienst. Heft 4/2007. © Verlag Junge Gemeinde, Leinfelden-Echterdingen, S. 342; S. 41: aus: Antoine de Saint-Exupéry, Der Kleine Prinz. © 1950 und 2021 Karl Rauch Verlag, Düsseldorf; S. 47: Urd Rust, Ausgewählte Gebete in der Trauertasche aus dem Verlag Junge Gemeinde, Leinfelden-Echterdingen; S. 48ff.: nach einem Beitrag von Simone Straub und Katrin Lichtenberger für: Evangelische Kinderkirche. Zeitschrift für Mitarbeiterinnen und Mitarbeiter im Kindergottesdienst. Heft 1/2014. © Verlag Junge Gemeinde, Leinfelden-Echterdingen, Seite 81ff.; S. 49 (Bibelverse): aus: Lutherbibel, revidiert 2017, © 2016 Deutsche Bibelgesellschaft, Stuttgart.; S. 52: © Renate Schupp; S. 55: Elke Kästel, Ausgewählte Gebete in der Trauertasche aus dem Verlag Junge Gemeinde, Leinfelden-Echterdingen; S. 58: Peter Hitzelberger, Verlag Junge Gemeinde, Leinfelden-Echterdingen; S. 62: aus: Evangelische Kinderkirche. Zeitschrift für Mitarbeiterinnen und Mitarbeiter im Kindergottesdienst. Heft 4/2007. © Verlag Junge Gemeinde, Leinfelden-Echterdingen, S. 385 (gekürzt); S. 68: © Ulrich Walter; S. 70: aus: Der Jugendfreund. Das evangelische Mitmachheft, Nr. 43-2007, © Verlag Junge Gemeinde, Leinfelden-Echterdingen; S. 71: aus: Willi Fährmann, Mit Kindern Psalmen beten, © 2013 Butzon & Bercker GmbH, Kevelaer, www.bube.de; S. 82: überarbeitet aus: Alma Grüßhaber (Hg.), Zeig mir, wo der Himmel ist. Familiengottesdienste im Kirchenjahr, © 2004 Verlag Junge Gemeinde, Leinfelden-Echterdingen, S. 89–96; S. 94f.: Ulrich Walter, aus: Reinhard Horn und Ulrich Walter, Groß werden mit Dir, lieber Gott! Lieder, Geschichten, Rituale und Gebete, KONTAKTE Musikverlag, Lippstadt, und Verlag Junge Gemeinde, Leinfelden-Echterdingen, 2011, S. 10

Fotos: S. 8: © unverdorbenjr – Fotolia.com; S. 14: © Maygutyak – Fotolia.com; S. 17: © racamani – Fotolia.com; S. 21: © morelia1983 – Fotolia.com; S. 23: © Reena – Fotolia.com; S. 29: © Barbara Pheby – Fotolia.com; S. 33: © contrastwerkstatt – Fotolia.com; S. 34: © Ulmer – Verlag Junge Gemeinde; S. 37, 41: © Braner / Christ – Verlag Junge Gemeinde; S. 42: © Franz Peter Rudolf – Fotolia.com; S. 54: © Kovac – Fotolia.com; S. 57: © Adam Borkowski – Fotolia.com; S. 60: © miflippo – depositphotos.com; S. 61: © Tanja – Fotolia.com; S. 66: © Schlierne – Fotolia.com; S. 67: © Malin Jo – Fotolia.com; S. 71: © pegasosart – Fotolia.com; S. 76: © U. Hardbeck – Fotolia.com; S. 77 o.: © Dieter Witt – Verlag Junge Gemeinde; S. 77 u.: © Karina Baumgart – Fotolia.com; S. 79: © cheryledavis – Fotolia.com; S. 81: © shishiga – Fotolia.com

Bibliografische Information der Deutschen Nationalbibliothek
Die Deutsche Nationalbibliothek verzeichnet diese Publikation in der Deutschen Nationalbibliografie; detaillierte bibliografische Daten sind im Internet über http://dnb.d-nb.de abrufbar.

Das Gesamtprogramm
von Butzon & Bercker
finden Sie im Internet
unter **www.bube.de**

MIX
Papier | Fördert gute Waldnutzung
FSC® C068125

ISBN 978-3-7840-3539-0 (Lahn-Verlag)

6. Auflage 2025

Umschlagillustration: Eve Jacob
Umschlaggestaltung: Werner Dennesen, Weeze
Layout und Satz: Kai & Amrei Serfling, Leipzig